生命教育丛书
SHENG MING JIAOYU CONGSHU

人最宝贵的是生命，生命只有一次。

超越死亡

生命是灿烂的，是美丽的；生命也是脆弱的，是短暂的。让我们懂得生命，珍爱生命，让我们在生命中的每一天，都更加充实，更加精彩！

本书编写组
江峻任 ◎ 编著

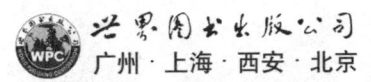

世界图书出版公司
广州 · 上海 · 西安 · 北京

图书在版编目（CIP）数据

超越死亡/《超越死亡》编写组编. —广州：广东世界图书出版公司，2009.11（2021.5重印）
ISBN 978-7-5100-1260-0

Ⅰ.超… Ⅱ.超… Ⅲ.死亡哲学-青少年读物 Ⅳ.B086-49

中国版本图书馆CIP数据核字（2009）第204925号

书　　名	超越死亡 CHAOYUE SIWANG
编　　者	《超越死亡》编写组
责任编辑	魏志华
装帧设计	三棵树设计工作组
责任技编	刘上锦　余坤泽
出版发行	世界图书出版有限公司　世界图书出版广东有限公司
地　　址	广州市海珠区新港西路大江冲25号
邮　　编	510300
电　　话	020-84451969　84453623
网　　址	http://www.gdst.com.cn
邮　　箱	wpc_gdst@163.com
经　　销	新华书店
印　　刷	三河市人民印务有限公司
开　　本	787mm×1092mm　1/16
印　　张	12
字　　数	160千字
版　　次	2009年11月第1版　2021年5月第7次印刷
国际书号	ISBN 978-7-5100-1260-0
定　　价	38.80元

版权所有　翻印必究
（如有印装错误，请与出版社联系）

光辉书房新知文库
"生命教育"丛书编委会

主　编：
　　梁晓声　著名作家，北京语言大学教授
　　王利群　解放军装甲兵工程学院心理学教授

编　委：
　　康海龙　解放军总政部队教育局干部
　　李德周　解放军西安政治学院哲学教授
　　张　明　公安部全国公安文联会刊主编
　　过剑寿　北京市教育考试院
　　张彦杰　北京市教育考试院
　　张　娜　北京大学医学博士　北京同仁医院主任医师
　　付　平　四川大学华西医院肾脏内科主任、教授
　　龚玉萍　四川大学华西医学院教授
　　刘　钢　四川大学华西医学院教授
　　张未平　国防大学副教授
　　杨树山　中国教师研修网执行总编
　　张理义　解放军102医院副院长
　　王普杰　解放军520医院院长　主任医师
　　卢旨明　心理学教授、中国性学会性教育与性社会学专业委员

执行编委：
　　孟微微　于　始

"光辉书房新知文库"

总策划/总主编:石　恢
副总主编:王利群　方　圆

本书作者

江峻任　仰恩大学社科部讲师

序：让生命更加精彩

在中国进入经济高速发展，物质财富日渐丰富的同时，新的一代年轻人逐渐走向社会，他们中的许多人在升学、就业、情感、人际关系等方面遭遇的困惑，正在成为这个时代的普遍性问题。

有媒体报道，近30%的中学生在走进校门的那一刻，感到心情郁闷、紧张、厌烦、焦虑，甚至恐惧。卫生部在"世界预防自杀日"公布的一项调查数据显示，自杀在中国人死亡原因中居第5位，15~35岁年龄段的青壮年中，自杀列死因首位。由于学校对生命教育的长期缺失，家庭对死亡教育的回避，以及社会上一些流行观念的误导，使年轻一代孩子们生命意识相对淡薄。尽快让孩子们在人格上获得健全发展，养成尊重生命、爱护生命、敬畏生命的意识，已成为全社会急需解决的事情。

生命教育，顾名思义就是有关生命的教育，其目的是通过对中小学生进行生命的孕育、生命的发展等知识的教授，让他们对生命有一定的认识，对自己和他人的生命抱珍惜和尊重的态度，并在受教育的过程中，培养对社会及他人的爱心，在人格上获得全面发展。

生命意识的教育，首先是珍惜生命教育。人最宝贵的是生命，生命对于我们每个人来说，都只有一次。在生命的成长过程中，我们都要经历许许多多的人生第一次，只有我们充分体验生命的丰富与可贵，深刻地认识到生命到底意味着什么。

生命教育还要解决生存的意义问题。因为人不同于动物，不只是活着，人还要追求人生的价值和意义。它不仅包括自我的幸福、自我的追求、自我人生价值的实现，还表现在对社会、对人类的关怀和贡献。没有任何信仰而只信金钱，法律和道德将因此而受到冲击。生命信仰的重建是中小学生生命教育至关重要的一环。这既是生命存在的前提，也是生命教育的最高追求。

生命教育在最高层次上，就是要教人超越自我，达到与自身、与他人、与社会、与自然的和谐境界。我们不仅要热爱、珍惜自己的生命，对他人的生命、对自然环境和其他生命的尊重和保护也同样重要。世界因多样生命的存在而变得如此生动和精彩，每个生命都有其存在的意义与价值，各种生命息息相关，需要互相尊重，互相关爱。

生命是值得我们欣赏、赞美、骄傲和享受的，但生命发展中并不总是充满阳光和雨露，这其中也有风霜和坎坷。我们要勇敢面对生命的挫折和苦难，绝不能在困苦与挫折面前低头，更不能抛弃生命。

生命是灿烂的是美丽的，生命也是脆弱的是短暂的。让我们懂得生命，珍爱生命，使我们能在生命中的每一天，都更加充实，更加精彩！

本丛书编委会

CONTENTS 目录

引　言 ……………………………………………… /1

第一章　从认识死亡开始 ……………………… /7
　一、对死亡的科学界定 ………………………… /7
　二、死因探悉 …………………………………… /9
　　（一）自然死亡 ……………………………… /9
　　（二）自然灾害引起的死亡 ………………… /10
　　（三）影响人类死亡的社会因素 …………… /14
　　（四）疾病引起的死亡 ……………………… /17
　三、生命死亡过程的医学说明 ………………… /18
　　（一）濒死期 ………………………………… /19
　　（二）临床死亡期 …………………………… /20
　　（三）生物学死亡期 ………………………… /20
　四、对死亡的认识及其超越 …………………… /21
　五、死或轻如鸿毛，或重如泰山 ……………… /26
　六、生与死无法分开来认识 …………………… /29

第二章　人生最宝贵的是生命 ………………… /32
　一、违章驾驶，视生命为儿戏 ………………… /32

二、逞一时之勇，酿终身遗憾 …………………… / 35

三、吸毒让生命从此暗淡无光 …………………… / 39

四、自杀——不能勇敢地面对 …………………… / 46

五、艰难困苦面前永不言弃 ……………………… / 48

六、只要活着就会充满希望 ……………………… / 54

七、享受生命中的每时每刻 ……………………… / 59

第三章　"绝症" 不能绝望 …………………… / 68

一、癌　症 …………………………………………… / 71

（一）癌症常识 …………………………………… / 71

（二）癌症的预防 ………………………………… / 75

（三）抗击癌症的岁月里 ………………………… / 84

二、艾滋病 …………………………………………… / 90

（一）艾滋病常识 ………………………………… / 90

（二）预防艾滋病 ………………………………… / 95

（三）关注艾滋病，关爱艾滋病人 ……………… / 98

三、渐冻人症 ………………………………………… / 110

（一）渐冻人症的基本情况 ……………………… / 110

（二）渐冻人症患者的动人故事 ………………… / 111

四、白血病 …………………………………………… / 118

（一）白血病是青少年恶性疾病之首 …………… / 118

（二）白血病患者的坚强生活 …………………… / 121

第四章　珍爱生命　远离自杀 …………………… / 126
一、我国青少年自杀问题的严重性 …………………… / 126
二、为何这么多青少年主动选择死亡 ………………… / 132
三、如何做好自杀预防 ………………………………… / 142
（一）领悟生命价值，学会欣赏生命 ………………… / 144
（二）生活其实没有想象的那样绝望 ………………… / 148
（三）咬紧牙关，人生没有迈不过去的坎 …………… / 152
（四）学会相信他人，积极寻求帮助 ………………… / 153
（五）青少年要有自我肯定的价值观 ………………… / 157
（六）学会爱，爱他人也要爱自己 …………………… / 159

第五章　在超越中体悟人生 ………………………… / 163
一、在困境中超越死亡 ………………………………… / 163
二、寻找生命的意义，走出存在的空虚 ……………… / 169
三、超越自我，完善人生 ……………………………… / 175

引 言

据中国青年网 2009 年 5 月 11 日的一篇文章报道，重庆巫山县 4 名小学生集体服毒自杀，据说原因是其中有一服药孩子的父母迷恋打牌输掉几万元，夫妻俩在家闹得不可开交，造成孩子心情不好。而另外 3 个孩子和这个孩子是很要好的朋友，于是他们"患难与共"选择了集体自杀。好在经过有关方面的及时抢救，4 名同学最终脱险。这样的事情绝非个例。2002 年 7 月，遵义市一家小学 5 名女生服大量安眠药自杀，幸亏抢救及时，才脱离危险；2004 年 6 月，陕西汉阴县蒲溪镇小学 4 名小学生服老鼠药自杀，1 人死亡；2007 年 5 月，安徽省太和县张营小学 4 名 13 岁女学生集体跳水自杀，2 人死亡……这一次又一次的青少年集体自杀事件让我们感到极度的震惊，令我们欷歔不已。

2004 年在南京召开的中国心理学会第八届理事会上，有专家指出，我国有 3000 万青少年处于心理亚健康状态，自杀已成为青少年人群的头号死因。为什么这些孩子要选择自杀？为什么他们如此轻视自己的生命？是社会给了他们过大的压力，还是他们不懂得珍惜生命，或者两者兼而有之？

开展生命教育中的死亡教育，尽快让孩子们在人格上获得健全

超越死亡

发展，养成尊重生命、爱护生命、体悟生命、敬畏生命的意识，让生命悲剧不再重演，已迫在眉睫。

有这么一则故事：

魏文王问名医扁鹊："你们家兄弟三人，都精于医术，到底哪一位最好呢？"

扁鹊答说："长兄最好，中兄次之，我最差。"

文王再问："那么为什么你最出名呢？"

扁鹊答说："我长兄治病，是治病于病情发作之前。由于一般人不知道他事先能铲除病因，所以他的名气无法传出去，只有我们家的人才知道。我中兄治病，是治病于病情初起之时。一般人以为他只能治轻微的小病，所以他的名气只及于本乡里。而我扁鹊治病，是治病于病情严重之时。一般人都看到我在经脉上穿针管来放血、在皮肤上敷药等大手术，所以以为我的医术高明，名气因此响遍全国。"

文王说："你说得好极了。"

这则故事说明，事后控制不如事中控制，事中控制不如事前控制。对青少年进行死亡教育，其目的就在于注重事前控制。虽然每个人都会死，可我们一般都不愿谈及死亡，谈到死，就感觉到不吉祥，试图回避谈论死亡问题，尤其不愿意在孩子面前讨论死亡问题。华东师范大学一个研究小组曾对此问题专门进行了问卷调查，考察家长和幼儿园老师对于"死亡教育"的态度。结果显示，有63%的家长表示"难以接受幼儿园开展和死亡相关的活动"，有50%的家长认为"生死教育会让孩子觉得恐怖，对他的身心不利"。对幼儿园老师的问卷结果则显示，83.3%的老师认为"儿童应该有关于死亡的客观概念"，94.4%的老师认为"死亡教育可以降低儿童对死亡的恐惧"。这一喜忧参半的数据说明，在家长的思想认识中仍然存在着害怕对孩子进行死亡教育的现象，而作为教育工作者的教师则已经认识到了进行死亡教育的必要性。

这种试图让孩子规避直接面对死亡的做法，其目的可能是为了减轻孩子对死亡的恐怖，不让孩子感受和体验死亡和离别的悲痛。但这一做法显然会削弱孩子直面困苦的勇气，某种程度上反而会增加孩子对死亡的害怕，因为孩子早晚会意识到死亡现象，而这种规避谈论死亡的做法往往增强了孩子对死亡的神秘感和畏惧心理。孩子如能容许待在有死亡降临的家中，能参与讨论和谈话，能和大人一块儿感受恐惧，他们就会觉得自己在悲痛中并非孤立无援，因而也能更坦然地与他人一起共担责任和体验悲伤之情。这种经历能帮他们逐步做好准备，将死亡视作生命的一部分，能帮助他们成长和成熟。

生命是一次偶然，死亡是一种必然，这是自然规律，对于必然发生的事实，我们必须要有勇气去正视它。况且，死亡有很多种方式，不同的死亡方式其意义和价值是大不一样的。通过死亡教育使青少年形成对死亡的正确认识和理解，不要等到死亡降临时再惊慌失措，学会正确看待他人之死，规避不必要的死亡，珍爱生命，勇

超越死亡

敢地面对挫折和困难，等等。因而，对青少年进行死亡教育是非常必要的。我们应该从小对孩子进行死亡教育，让他们知道人的生命极其宝贵而脆弱，从而一定要热爱、珍惜生命。

文艺复兴时期的法国作家蒙田说过："我对随时告别人生，毫不惋惜。这倒不是因为生之艰辛与苦恼所致，而是由于生之本质在于死。因此只有乐于生的人才能真正不感到死之苦恼。享受生活要讲究方法。我自认为比别人多享受到一倍的生活，因为生活乐趣的大小是随着我们对生活的关心程度而定的。尤其在此刻，我眼看生命的时光不多，我就愈想增加生命的分量。我想靠迅速抓紧时间，去留住稍纵即逝的日子；我想凭时间的有效利用去弥补匆匆流逝的光阴。剩下的生命愈是短暂，我愈要使之过得丰盈充实。"

蒙田认识到死是一种必然，生命是有限的，因而也是最宝贵的，应该好好珍惜。这是通过对死的意识而专注此生，通过对生的热爱来超越死亡。

系统而明确的死亡教育，可以让孩子知道生命的不可逆性，了解险境中的逃生方法和处理技能，减少意外死亡和避免不必要的死亡；帮助他们正确地面对自我之死和他人之死，消除对死亡的恐惧、焦虑；培养他们健全的人格和良好的人性；使他们能够客观地面对死亡，有意识地提高生命质量。这是现代教育所缺乏的，而这又是现代教育所必需的。

超越死亡，不是神话故事中追求的长生不老，现代科学的发展

已经证明这是不可能的，也不是指各种宗教中所讲的"永生"。超越死亡是指一种精神上对死亡的超越。

哲学家孙正聿认为，人是一种超越性的存在，人是寻求意义的存在，人无法忍受无意义的生活。正因为如此，人又无法忍受"自我的失落"。人本主义心理学家马斯洛建立了层次需要理论，认为人的需要分成五个不同的层次：生存的需要、安全的需要、归属的需要、审美的需要，最终升华为一种自我实现的需要。我们每个人最美的体验就是一种自我实现的高峰体验。人能够意识到自己是一个有限的存在，即每个人的生命是有限的，最终必有一死，因而，人就想超越这种有限的人生，人的生命面对死亡，又以生命的追求超越死亡。

人和动物都是一种生命活动，两者的区别就在于，动物是一种只求生存的生命活动，而人的生命活动则不仅求生存，更是一种求意义的生命活动。超越死亡就是一种以承认人必有一死为前提的追寻生命意义的人生态度。这种人生态度首先承认每个人都会死亡这一客观事实。既然每个人都会死，那么我们就不应该过度地害怕死亡，而是要去探究人终有一死当中所蕴含的深刻人生道理。人死不能复生，生命只有一次，这充分说明了人生的宝贵，因此应该好好珍惜生命，善待人生。超越死亡就是由思想意识上的"先行到死"和直面死亡的途径，来深刻地体察死亡、咀嚼死亡，由对死的思考来为自我的"生"确定方向，确定意义，也确定价值。一个现代人在其人生中达到了这一境界，他的生存与生活才是完整

超越死亡

的，他的生命才可能发出耀眼的光芒，他的人生才可能获得极大的成功。

　　死是人们终极的不可逾越的存在本质，其存在正好彰显出人生奋斗的重要性，珍惜生命的必要性，善用此生的紧迫性。不能正确地看待死，也就不能正确地对待生。探讨死亡，以便激起人们心中更强烈的生存欲望，更加珍爱生命，更加重视生活的质量。

第一章　从认识死亡开始

要超越死亡，就必须知道何为死亡，现代自然科学的发展为我们提供了的科学解释。

一、对死亡的科学界定

关于死亡问题的讨论可以有多种不同的方式。从自然科学的角度看，死亡是一个纯粹的物理和生理现象，它是物质演化过程中的一个环节。大到宇宙天体，小到一粒沙尘，生成——存在——毁灭，是物体运行的必然轨迹。然而，对于生命机体来说，生成是奇迹，是造化，生命存在的过程就是生命机体不断汲取能量、消耗能量、形成并耗损器官的过程，是同化与异化的有机统一，是宇宙物质大循环中的一个普普通通的小循环。生物学上所讲的人的死亡是指人的个体生命现象永远停止，人体代谢的终止，经过濒死期、临床死亡期、生物学死亡期三个阶段，可分为心脏死亡、肺脏死亡及脑死亡。

医学对人的死亡判断标准的认识是一个过程。最早对死亡的判断是建立在经验基础上，多以是否呼吸为标准。后来随着科学的进步，人们开始以心脏停止跳动、自主呼吸消失、血压为零作为死亡的标准。在可观测的心脏监视仪上，人们看到心脏跳动的波动幅度渐渐由大变小，直到成为一条直线时，医生就宣布人的死亡。可是，这一标准也面临挑战。心脏停止跳动后，在一定的时间内，我们可以通过人工呼吸、电除颤仪等方式加以激活，甚至可以用机械心脏来代替已经死去的心脏。这就说明心脏不是死亡的最后界限。它至多只能说明我们所熟悉的生命现象的停止，即呼吸、心跳、动作的停止。所以后来人们又提出脑死亡作为医学对死亡界定的标准。

　　脑死亡是指以脑干或脑干以上中枢神经系统永久性地丧失功能为参照系而宣布死亡的标准。现代医学科学的研究表明，当人的脑细胞死亡数量达到或超过一定极限时，其思维意识、感觉、自主性活动及主宰生命中枢的功能将永久性丧失。而如果患者脑干发生结构性损伤破坏，则无论采取何种医疗手段最终将发展为心死亡。临床上所指的脑死亡，是指包括脑干在内的全脑功能丧失的不可逆转的状态。其临床诊断特征为：深昏迷，脑干反射全部消失，无自主呼吸，以上必须全部具备。脑死亡有别于"植物人"，植物人脑干的功能是正常的，昏迷是由于大脑皮层受到严重损害或处于突然抑制状态，因此病人可以有自主呼吸、心跳和脑干反应，少数病人还有可能一朝苏醒。但脑死亡人全脑呈现器质性的损伤，无自主呼吸，脑干反应消失，脑电波是一条又平又直的线，经颅多普勒B超显示脑死亡。所以说，脑死亡是永久的，不可逆性的。脑死亡观察时间：首次确诊后，观察12小时无变化，方可确认为脑死亡。

　　由于脑死亡更具有不可逆性，与心脏死亡标准相比，脑死亡标准显得更为科学，更可靠。目前，世界上已有80多个国家和地区承认了脑死亡标准。

二、死因探悉

人类死亡原因或其影响因素，从宏观上分析主要有三个方面，即遗传因素、自然因素和社会因素。遗传因素是造成人的死亡的内在因素，而自然因素和社会因素则是造成人的死亡的外在因素。从内在因素看，人类个体同其他一切生物一样，有其特定的寿限遗传特性。寿限与死亡紧密相关，自然死亡是生物活到终极特定寿限而死亡，因此寿限的遗传性成为各种生物死亡的内在因素。从外在因素看，自然领域中的天灾的侵袭、疾病的传播、气候条件的突然改变，社会领域中的战争、贫困、剥削制度、环境污染、科学技术不发达、文化水平不高、精神疾病等等，使得人类个体活不到特定寿限。遗传因素、自然因素和社会因素三方面又是相互依存、互为关联的。随着人类社会历史的发展、科学技术水平的提高，社会因素对人的健康和死亡的作用逐渐增强，自然环境因素对人的健康和死亡的作用则在逐渐减弱，而遗传因素则在上述两种因素的影响下，默默地改进着人类的寿命和死亡极限。

（一）自然死亡

真正的自然死亡应该是生物物种活到终极特定寿限而死亡，是受生物体内在因素所左右的。《德意志大百科全书》（1909年）对自然死亡的界定："自然死亡是非正常死亡的反义，因为非正常死亡乃是疾病、暴力或机械性干扰的结果。"《哲学百科辞典》对自然死亡的观点："自然死亡，就是在无自然疾病、无特定原因状态下的死亡。"从生物遗传的角度看，遗传机制是导致人类自然死亡的决定性因素。生物的遗传基因必须有很强的更新换代能力，以适应不同的环境。生物体的老化其实就是其自身生物结构中有一个或者一群基因，它们的功能就是逐渐减低细胞效率和皮质代换，生命因此而逐渐弱化直到病死。

自从人类诞生以来，自然死亡即所谓"寿终正寝"，一直是人们的期望，但是在人类社会活动的实际中，自然死亡几乎是不可能的。按照《德意志大百科全书》和《哲学百科辞典》的定义，自然死亡首先必须排除疾病的因素，而人类死亡大多是与疾病密切相关的。所以，人类的死者极少有自然死亡者，除非少数高龄老人的"寿终正寝"，方才在基本上可称为自然死亡。故而我们可以说，人类大多数死亡都是非自然死亡，都是有诱发其发生的自然因素或社会因素的。

(二) 自然灾害引起的死亡

人类的个体生命只能生存在一定的自然环境下，如果自然环境发生重大的变化，就会导致个体生命的结束，从而引起大量个体生命的死亡。饥荒、地震、火山爆发、龙卷风、洪水、暴风雨、严寒、雷电等等自然灾害，均会引起人类大规模的死亡。1846年爱尔兰发

第一章 从认识死亡开始

生"马铃薯"饥荒，大约饿死 100 万人，差不多占全国人口 1/3。非洲大陆上饥饿的人通常在 2900 万人以上，每天约有 1 万人死亡。1923 年的日本大地震，使近 10 万人遇难。1976 年 7 月 28 日的中国唐山大地震死亡人数达 24 万之多。据统计，从 1905 年至 1990 年，全球导致人员死亡的地震超过 150 次，死亡人数约为 125 万。2004 年岁末的印度洋海啸造成近 30 万人死亡。2008 年发生在中国四川的汶川大地震，截至 2009 年 4 月 25 日 10 时，遇难 69225 人，受伤 374640 人，失踪 17939 人。

全世界主要年份死亡人数最多的 40 起灾害统计（1970—2003）

2003 年 12 月 31 日采集

死亡人数	保险损失（百万美元，按 2003 年价格计）	起始日期	事件	国家/地区
300000	—	1970 年 11 月 14 日	风暴与水灾	孟加拉
250000	—	1976 年 7 月 28 日	唐山大地震（里氏 8.2 级）	中国
138000	3	1991 年 7 月 29 日	"戈尔基"热带氢旋	孟加拉
60000	—	1970 年 5 月 31 日	地震（里氏 7.7 级）	秘鲁
50000	161	1990 年 6 月 21 日	"吉兰"地震	伊朗
41000	—	2003 年 12 月 26 日	巴姆城地震（里氏 6.5 级）	伊朗
25000	—	1978 年 9 月 16 日	塔巴斯地震（里氏 7.7 级）	伊朗

续表

死亡人数	保险损失（百万美元，按2003年价格计）	起始日期	事件	国家/地区
25000	—	1988年12月7日	亚美尼亚地震	亚美尼亚，USSR
23000	—	1985年11月13日	"内瓦多德尔鲁伊斯"火山爆发	哥伦比亚
22000	242	1976年2月4日	地震（里氏7.4级）	危地马拉
19118	1100	1999年8月17日	伊兹密特发生地震	土耳其
15000	—	1978年8月11日	莫尔维大坝决口	印度
15000	—	1978年9月1日	北部地区在季风雨后发生洪水	印度
15000	110	1999年10月29日	05B飓风蹂躏奥里萨邦	印度，孟加拉
15000	104	2001年1月26日	古吉拉特邦地震（里氏8.0级）	印度，巴基斯坦
10800	—	1971年10月31日	孟加拉湾和奥里萨邦洪水	印度
10000	—	1977年10月20日	热带气旋席卷安德拉邦和孟加拉湾	印度
10000	—	1985年5月25日	热带气旋席卷孟加拉湾	孟加拉
10000	242	1999年12月12日	洪水、泥石流与塌方	委内瑞拉，哥伦比亚

第一章　从认识死亡开始

续表

死亡人数	保险损失（百万美元，按2003年价格计）	起始日期	事件	国家/地区
9500	549	1985年9月19日	地震（里氏8.1级）	墨西哥
9500	—	1993年9月30日	马哈拉斯特拉邦地震（里氏6.4级）	印度
9000	562	1998年10月22日	中美洲"米奇"飓风	洪都拉斯等
8000	—	1976年8月16日	棉兰老岛发生地震	菲律宾
6425	2973	1995年1月17日	神户阪神大地震	日本
6304	—	1991年11月5日	"赛尔马"与"鸟林"台风	菲律宾
5300	—	1974年12月28日	地震（里氏6.3级）	巴基斯坦
5112	—	2001年11月15日	大雨引发洪水和塌方	巴西
5000	—	1972年4月10日	法尔斯发生地震（里氏6.9级）	伊朗
5000	—	1984年12月2日	博帕尔化学工厂事故	印度
5000	1081	1987年3月5日	地震：输油管线毁坏	厄瓜多尔
5000	—	1976年6月30日	西伊里安地震	
5000	570	1972年12月23日	地震（里氏6.3级）	尼加拉瓜

13

续表

死亡人数	保险损失（百万美元，按2003年价格计）	起始日期	事件	国家/地区
4500	—	1980年10月10日	阿斯南发生地震	阿尔及利亚
4375	—	1987年12月24日	Dona Paz号客轮与"Vicfor"号油轮相撞	菲律宾
4000	—	1976年11月24日	凡城发生地震	土耳其
4000	—	1972年2月15日	阿尔德省暴风雪	伊朗
4000	—	1998年5月30日	塔哈尔省地震	阿富汗
3840	6	1997年11月1日	"林达"台风	越南等
3800	—	1992年9月8日	旁遮普邦水灾	印度，巴基斯坦
3656	339	1998年7月1日	长江洪水	中国

摘编自《中国保险年鉴2005》

（三）影响人类死亡的社会因素

社会因素是通过诸如吸烟、酗酒、交通事故、职业、自杀、他杀、艾滋病、吸毒、战争等机制对人类死亡施加影响的。

1. 社会暴力行为对人类死亡的影响

社会暴力行为包括战争暴力行为、国家政治暴力行为、社会刑事暴力行为等。使人类导向死亡的最大的机器就是战争机器，战争引起的死亡往往是大规模的死亡。据历史学家统计，全世界从1770到1990年在各次战争中总共死亡1.015亿人，其中约一半人为平民。第一次世界大战死亡人数1000万，第二次世界大战有

第一章 从认识死亡开始

1500万军人战死,再加上至少同等数目的平民百姓,死亡人数共达3500万~4000万。统治阶级为了维护自己的利益,动用国家机器对敌对势力进行镇压;没有掌握政权的群体,为了达到自己群体的目的,也可能采取革命暴力或恐怖活动,这些行为都是以部分人类生命的死亡作为代价。刑事犯罪是和平时期危害人类死亡的主要暴力行为。

2. 交通事故对人类死亡的影响

在交通事故中,汽车车祸比其他意外的损失要严重得多。1974年全世界死于车祸的人数约25万,1984年超过30万;欧洲共同体成立几十年来,各成员国的道路上共有约200多万人丧生。此外,世界各地每年都要发生数十起重大铁路事故。1999年8月2日凌晨,印度东部孟加拉邦发生一起严重火车相撞事故,造成至少500人死亡,1000多人受伤。近年来空难引起的死亡越发引起人们的关注,世界空难纪录是于1977年3月27日创下的,泛美航空公司和皇家航空公司的两架"波音-747"大型客机相撞,死亡583人。2009年6月1日14时,一架载有228人的法航空客A330起飞不久后与地面失去联系,机上228人全部遇难。2009年6月30日,也门航空公司空客A310客机在印度洋上科摩罗群岛坠毁,机上有142名乘客和11名工作人员共153人,只有一名14岁法国少女幸存。水上事故也会引起死亡,20世纪有成千上万艘船只沉没,举世闻名的有"柏林"号、"泰坦尼克"号等船舶的沉没。从1976年到1980年,就有118艘船失踪,百慕大三角就是一个屡发沉船的神秘地区。20

世纪航天事业的发展,也引发宇宙飞行事故的死亡。前苏联有6名宇航员死亡,美国则有10名,其中7名是"挑战者"号机组人员,这艘飞船由于固体燃料加速器失灵,发射73秒后在14326米高空坠毁。

3. 酗酒、吸烟与吸毒等社会不良嗜好对人类死亡的影响

长期或过量地酗酒,会对人体健康产生不良影响,造成慢性酒精中毒,引起脑血管疾病和癌症,甚至猝死。据世界卫生组织的资料记载,饮酒者的死亡率,要比一般居民的死亡率高1~3倍。在导致死亡的交通事故中,30%~50%与司机饮酒有关。在美国,每年死于饮酒的人数超过20万人,这个数字约占美国全年死亡人数的8%。吸烟可以引起肺癌、膀胱癌、冠心病、口腔癌、喉癌、食道癌等疾病。在吸烟盛行的国家或地区,65岁以下男性肺癌死亡的90%、支气管炎死亡的75%、冠心病死亡的25%是由吸烟所致。中国预防医学科学院的一项科研成果证实,1993年,中国烟草税收300多亿元,而治疗由吸烟引起的各种疾病、劳动力损失、早逝等方面的经济损失,则高达650亿元之巨。成为严重社会问题的吸毒死亡,大多是由于吸毒过量引起中枢神经系统的过度抑制,使呼吸停止而死亡;也可因多种毒品混杂滥用中毒致死、因并发症致死、因精神障碍变态致死以及因戒断反应致死等。目前,毒品泛滥已成为当今世界最严重的公害之一,根据联合国有关世界毒品问题报告公布的数字,1997年全球毒品销售额4000亿美元,全球使用毒品人数约2.4亿,并以每年3%~4%的速度递增。

4. 其他社会因素对人类死亡的影响

其他社会因素对人类死亡的影响包括环境污染，某些特定的职业等。世界上许多职业具有危险的死亡因素潜伏着，它们时时刻刻威胁着从事该种职业工作的人员，最有危险的职业是矿工职业。在前苏联，1989年死亡矿工400多人，1990年约为500多人。空气污染也是引起死亡的重要原因，1952年英国伦敦大雾持续1周之久，导致4000人死亡。工业、农业、日常生活中被人接触或使用的化合物，如农用杀虫剂、酒类代用品、煤气等，对人类也有一定的致命危险。

（四）疾病引起的死亡

人类的死亡大多数是由疾病造成的。联合国1991年资料显示，全世界每年死亡人数在5000万至5500万之间，绝大多数人（93%）死于各种疾病。20世纪70年代以前，致人于死的主要是传染病，如鼠疫、麻风、梅毒、天花、霍乱和流感等。当代医学科学的进步，使疾病谱发生显著的变化，导致人类死亡的疾病由以传染性疾病为主转变为由非传染性疾病为主。现今尽管有数百种疾病困扰人类，人类的头号杀手应数心脑血管疾病，占死亡率的51%；第二位是癌症，占死亡率的17%，现在全世界每年死于癌症的约有500万人；第三位是糖尿病；第四位是老年痴呆症，西德1991年此类患者有30万人，超过10%的居民的大脑具有这种疾病的初始症状。当前，被称为20世纪鼠疫的艾滋病，成为威胁人类死亡的疾病。1988年7月份全世界新报告的艾滋病例7766人,全世界新增加的艾滋病患者已有10多万人,到1994年国际艾滋病研究会在日本东京举行时的十几年中,艾滋病已夺取了世界上近百万人的生命。1995年全球共有2000万艾滋病毒感染者,截至1999年9月30日,我国共报告艾滋病毒感染者15088例,其中包括477例艾滋病病人。

因病死亡的原因大致可分为三类:(1)由于重要生命器官(如脑、心、肝、双侧肾、肺及肾上腺等)发生了严重的、不可恢复的损害。(2)由于长期疾病导致机体衰竭、恶病质等以至代谢物质基础极度不足、各系统正常机能不能维持。(3)重要器官没有明显器质性损伤的急死,如失血、窒息、休克、冻死等。

三、生命死亡过程的医学说明

迄今为止,对于人类死亡过程尚未有相应的精密仪器可以客观地予以测试描记,人们只能以现有的手段,对死亡的若干表象过程加以研究,得出濒死期—临床死亡期—生物学死亡期的人类死亡过程模式。医学家认为,死亡是人体生理机能逐渐衰减以至完全停止的过程,并非瞬息即逝的现象,而是一个逐渐发展的过程。机体内各组织、细胞并非在同一时间进入死亡,死亡并不是生命的骤然结束,即停止于某一确切时刻的瞬间事件,而是一个连续进展的过程,所以可以将死亡过程分为濒死期、临床死亡期和生物学死亡期。这种死亡过程是以传统死亡标准即心跳呼吸停止为死亡标志的基础上提出的,一旦脑死亡标准得到广泛的承认,死

第一章　从认识死亡开始

亡过程的阶段应被重新考虑。很可能是两套标准或一套标准的两部分：心跳呼吸先发生不可逆转停止的话，其死亡过程仍以传统标准为准；脑死亡先发生的话，死亡过程则可分为濒死期、脑死亡期和整体死亡期。

（一）濒死期

从死亡过程开始到临床死亡到来之前的一段时期，称为濒死期。根据致死原因的不同，濒死期的时间可以长短不一，也有极少的死亡不经过濒死期而过渡到临床死亡期。一般地说，暴力意外猝死者濒死期很短，例如颈部切断、头部碾压伤、延脑出血、心脏外伤等可以不经过濒死期而直接进入临床死亡期。而慢性病致死者的濒死期较长，可达数小时或数天。

处于濒死期的病人可能有着自己不同的表现，依据所患疾病不同，精神障碍、呼吸障碍和循环障碍等症状可同时出现，可交错出现。以精神障碍为主的濒死表现为谵妄、意识不清、昏迷，各种反射减弱、迟钝；视觉消失最快，不能认出亲友或看不见人；听力维持较久，虽然说不出话来，但能听到亲人的呼唤，出现眨眼和嘴唇微启的反应，并发出低声呻吟；瞳孔可反复散大和缩小，有时眼球回旋突出；还有躁动、手足搐搦或强烈痉挛等表现；最后躁动减弱，身体变为松软。以呼吸障碍为主的濒死表现为呼吸不规则或潮式呼吸，喉部出现鼾声、哮吼声，最后经7~8次深呼吸后停止呼吸。以循环障碍为主的濒死表现为面色苍白，角膜失去光泽，血压降低，

19

脉搏难以触及，心音非常微弱，心动过速或心动徐缓，心律不规则，肢端湿冷等。

（二）临床死亡期

病人经过濒死期，当以听诊和心电图确定呼吸和心跳停止，出现瞳孔散大、对光反射消失等体征，是为临床死亡期。临床死亡期通常的时限为5~6分钟，在低温或耗氧量低的情况下，临床死亡期可延长至1小时或更久。从呼吸、心跳停止发展到脑、心、肺的细胞、组织死亡，尚需经过一定的时间。依据临终病人的不同情况，临床死亡期的时限有所差异。由于心、肺的急性严重外伤而致死亡者，则几乎在损伤的同时心、肺功能即永远停止，则无救治的希望。

一般说来，濒死期较短者，其临床死亡期的过程较长，反之则较短。这是因为如果濒死期较长的话，组织、细胞已经渐进性地受到不可逆的损害，一旦达到临床死亡期，就会很快死亡，所以临床死亡期较短。而对于濒死期较短的病人，因死因多是突如其来，其器官组织大多尚未发生急剧的改变，所以临床死亡期较长，尚有救治的希望。当然这是针对突发疾病的病人而言，对癌症等晚期病人来说，有无救治希望意义就不大了。

（三）生物学死亡期

生物学死亡期是指全身各组织、细胞的死亡，故又称细胞性死亡。此时临床死亡期结束，机体进入生物学死亡期，重要生命器官及所有人体组织细胞死亡，人体已不能复活。机体内各种组织对缺氧的耐受性不一，在临床死亡期呼吸心跳停止后，因缺氧各组织器官进入生物学死亡期的时间也不同。大脑对缺氧的耐受性最差，约经5~6分钟首先进入生物学死亡阶段，其他系统组织对缺氧耐受性较中枢神经系统为强，有的能维持数小时，有的可维持数天。有些组织在一定时间内仍可继续保持某些生活机能，称之为超生反应，如临床死亡后数小时心房肌仍有收缩功能，胃肠仍可见到蠕动；死后10小时，气管黏膜纤毛上皮仍有纤毛运动；死后30小时，有的甚至达70小时，精囊内精子仍有活动能力；死后2~3日，在收缩血管药物的作用下，血管平滑肌仍有收缩力；死后30小时，汗腺对肾上腺素、阿托品等药物可呈发汗反应等等。超生反应的种种表现，在法医学上对于判断死亡经过时间，具有重要价值。

四、对死亡的认识及其超越

他人之死是人类童年或个体童年的原始性的死亡经验。它使人类或个人知道了死亡的事实，产生了最初的关于死亡的体验和认识，也可说它是原初性的死亡意识。通过他人之死而作出的死亡的发现内蕴着两个层面：一是死亡的必然性或不可避免性，一是死亡的终极性。一旦人类既发现了死亡的不可避免性，又发现了死亡的终极性，人类就最终摆脱了原始死亡观的束缚，初步实现了对自己的死亡的发现。

超越死亡

对死亡的恐惧来自于对死亡的发现，首先来自于对他人之死的经验，接着是对自己濒临死亡的感受和自己必有一死的认知。人们因为死亡失去了生命，失去了生前珍爱的一切，这种根本性的丧失无法补救，无法逆转，由此产生了对死亡的恐惧。死亡恐惧也可能来源于对伴随他人死亡而显现的一切痛苦，形销骨立，面目全非，呻吟哀号，不能自理，它摧毁了人们一生苦苦奋斗而捍卫的尊严，苏格拉底庆幸自己能在身体硬朗、神志清醒之时平静地死去，真是一种很要面子的想法。死亡恐惧还可能来源于对死亡之后的无知。

爱在日常生活中的显现，增加了日常死亡的悲剧感。普通人死不瞑目，大都是因为对亲人、所爱的人的牵挂和依恋。同样，也正是因为爱，活着的人们才充满了对死亡的恐惧和忧伤。德国浪漫主义文学大师歌德和席勒友谊深厚，相爱甚深，席勒死了，歌德说他的一半也死了。人类之爱，是生命和生活得以可能的前提，也是死亡恐惧的重要因素。

但如果仔细琢磨，死亡恐惧似是杞人忧天，不合道理，不合逻辑。简单地说，就是任何人都不能有关于自己死亡的真实感知：当我们活着的时候，我们在以活人的身份感知世界，感知自己；当我们死了的时候，我们已失去了感知能力，从而无法感知一切，包括死亡。既然死亡是无法真实感知的东西，它也许就不存在，因而对死亡的恐惧是不合逻辑的，是非理性的。"迷恋生存，厌恶死亡"，也许并非出于理性的判断，而是出于人的天性和本能。18

第一章　从认识死亡开始

世纪杰出的启蒙思想家卢梭就持这种看法。他认为，人生有两个先于理性而存在的原理："一个原理使我们热烈地关切我们的幸福，这有利我们自己的保存；另一个原理使我们在看到任何有感觉的生物、主要是我们的同类遭受灭亡或痛苦的时候，会感到一种天生的憎恶。"

伊壁鸠鲁在致美诺寇的信中说："正确地认识到死亡与我们无干，便使我们对于人生有死这件事愉快起来，这种认识并不是给人生增加上无尽的时间，而是把我们从对于不死的渴望中解放了出来。"——一个人如果正确地了解到终止生存并没有什么可怕，对于他而言，活着也就没有什么可怕的。那么，如果有人说他之所以怕死，并不是因为死在来临时使他难过，而是因为预想到死使他难过，那就是个傻瓜了。一件事情在来临时并不使一个人忧虑，反而在来到时令他烦恼，这是很荒谬的。所以一切恶中最可怕的——死亡——对于我们是无足轻重的，因为当我们存在时，死亡对于我们还没有来，而当死亡时，我们已经不存在了。因此死对于生者和死者都不相干；因为对于生者说，死是不存在的，而对于死者来说，本身就不存在了。

对死亡恐惧的征服和直面死亡的勇气即是对死亡的超越。显然，超越死亡，不是事实上人类获得了不死的可能性，而是在精神上超越了死亡的界限。这就意味着人们对生命和生活的理解存在着较之生命或者说不死这种终极价值更有价值的价值。庄子对死持一种乐观态度是基于他生死自然的看法。庄子曾借黄帝之口说："生也死之

超越死亡

徒，死也生之始，孰知其纪！人之生，气之聚也；聚则为生，散则为死。若死生为徒，吾又何患。"庄子认为，死生是自然而不可免的事，正如昼夜的变化一样，有白天就有黑夜，有生就有死，这是自然大道的运行。

人生是有限的，死是生的终止，它使人生成了一个不可逆转的短暂过程。所以，正是因为人终有一死，我们才会产生应该如何度过这短暂一生的问题，才会产生为什么活着以及应该如何活着的问题，只是由于人不免一死，我们才会有时光不再的紧迫感，才会有对生活的热爱与眷恋。因此，思考死的问题，最终目的是指向生的问题，通过精神上对死亡的超越使人生更加富有意义。

看下面这一则故事：

《生命清单》

五官科病房里同时住进来两位病人，都是鼻子不舒服。在等待化验结果期间，甲说，如果是癌，立即去旅行，并首先去拉萨。乙也同样如此表示。结果出来了，甲得的是鼻癌，乙长的是鼻息肉。

甲列了一张告别人生的计划表离开了医院，乙住了下来。甲的计划表是：去一趟拉萨和敦煌；从攀枝花坐船一直到长江口；到海南的三亚以椰子树为背景拍一张照片；在哈尔滨过一个冬天；从大连坐船到广西的北海；登上天安门；读完莎士比亚的所有作品；力

第一章　从认识死亡开始

争听一次瞎子阿炳原版的《二泉映月》；写一本书。凡此种种，共27条。

他在这张生命的清单后面这么写道：我的一生有很多梦想，有的实现了，有的由于种种原因没有实现。现在上帝给我的时间不多了，为了不遗憾地离开这个世界，我打算用生命的最后几年去实现还剩下的这27个梦。

当年，甲就辞掉了公司的职务，去了拉萨和敦煌。第二年，又以惊人的毅力和韧性通过了成人考试。这期间，他登上过天安门，去了内蒙古大草原，还在一户牧民家里住了一个星期。现在这位朋友正在实现他出一本书的夙愿。

有一天，乙在报上看到甲写的一篇散文，打电话去问甲的病。甲说，我真的无法想象，要不是这场病，我的生命该是多么的糟糕。是它提醒了我，去做自己想做的事，去实现自己想去实现的梦想。现在我才体味到什么是真正的生命和人生。你生活得也挺好吧！乙没有回答。因为在医院时说的，去拉萨和敦煌的事，早已因患的不是癌症而放到脑后去了。

在这个世界上，其实每个人都患有一种癌症，那就是不可抗拒的死亡。我们之所以没有像那位患鼻癌的人一样，列出一张生命的清单，抛开一切多余的东西，去实现梦想，去做自己想做的事，是因为我们认为我还会活得更久。然而也许正是这一点量上的差别，使我们的生命有了质的不同：有些人把梦想变成了现实，有些人把梦想带进了坟墓。

五、死或轻如鸿毛，或重如泰山

死亡有很多种方式，无疾而终，天灾人祸，不治之症，自杀等等。从个体生命来看，其最终的表现都是生命的结束，而一旦生命结束，也就没有了意识，也就不存在意义和价值问题。从整个社会来看，虽然任何个别个体生命的结束，不会中止整个社会生命的发展，但它可以对社会发展产生积极或消极的影响，因而是有价值和意义的。正因为如此，才会有"人固有一死，或重如泰山或轻如鸿毛"一说，表明每个人的死是呈现出一定的价值的。请看下面的两则故事

故事一：

谭千秋老师用双臂将死神拦在自己身后

2008年5月12日，四川汶川发生强烈地震，波及绵竹。在地震中，东汽中学一栋教学楼顷刻坍塌。当时，谭千秋正在这栋教学楼的教室里上课。危急时刻，他用双臂将4名高二（一）班的学生紧紧地掩护在身下。2008年5月13日晚上，当人们从废墟中将他扒出来时，他的双臂还是张开着的，趴在讲台上。手臂上伤痕累累，后脑勺被楼板砸得凹了下去。而4名学生在他的保护下成功获救，而他就这样献出了自己51岁的生命。

14日一早，设在学校操场上的临时停尸场上，记者从工作人员手中的遗体登记册里查到了这位英雄教师的名字——谭千秋。他的

第一章 从认识死亡开始

遗体是13日22时12分从废墟中扒出来的。

"我们发现他的时候,他双臂张开着趴在课桌上,身下死死地护着四个学生,四个学生都活了!"一位救援人员向记者描述着当时的场景。

就是这双曾传播无数知识的手臂,在地震发生的一瞬间从死神手中夺回了四个年轻的生命,手臂上的伤痕清晰地记录下了这一切!

"那天早上他还跟平常一样,6点就起来了,给我们的小女儿洗漱穿戴好,带着她出去散步,然后早早地赶到学校上班了。这一走就再也没回。女儿还在家里喊着爸爸啊!"张关蓉泣不成声。

"谭老师是我们学校的教导主任,兼着高二和高三年级的政治课。"陪着张关蓉守在谭老师遗体旁的同事夏开秀老师说,"在我们学校的老师里他是最心疼学生的一个,走在校园里的时候,远远地看到地上有一块小石头他都要走过去捡走,怕学生们玩耍的时候受伤。"

操场上,学生家长按当地习俗为谭老师燃起了一串鞭炮……

为了4个学生的生命,谭千秋义无反顾地献出了自己的生命。他用自己的英雄壮举,诠释了什么是为人之师;他那在突发灾难来临时的瞬间造型,塑造了一座在人们心中永不倒塌的丰碑!

故事二:

重庆巫山4小学生集体服毒自杀,经抢救脱险

2009年5月4日上午8时,巫山巫峡小学六年级2班的4位小

超越死亡

学生集体服毒自杀，幸好有关方面抢救及时，4名同学基本脱险。

5月4日8时许，4位同学（3女1男）和平常一样，来到学校上学。他们分别把书包放在教室后，相约在一起玩耍，这时有人提议集体服药自杀，其他3人纷纷表示赞同，于是走出学校，买来一种名叫"闻到死"的剧毒鼠药，一溜烟地跑到校门外的山坡上一起服下。

到学校做早操的时候，老师突然发现少了几个同学，这时一略知事情的同学向老师反映："他们4个好像说在哪里去买老鼠药。"这一始料不及的事情急坏了班主任郭老师，于是，几位老师分头行动：有的通知120和家长，有的上山去找孩子。

5月4日上午9时许，4位服下剧毒鼠药的孩子被送往巫山县人民医院，医务人员在第一时间为4个孩子洗胃，并安排住院观察治疗。

5月6日下午，巫山人民医院内科主任陶爱民告诉记者：目前只能说是基本脱险，安全观察期应该是一个星期。

4个孩子的家长接受记者采访时称，现在的娃娃哪个看得不重，在家很少挨骂，更不用说挨打。4个孩子的英语老师何老师告诉记者，4个孩子在学校活泼可爱，学校活动丰富，学业负担并不重，4个孩子在服药前也没挨过老师的批评。

记者从另一渠道获得消息，其中有一服药孩子的父母迷恋打牌，最近输掉几万元，夫妻俩在家闹得不可开交，造成孩子心情不好。无独有偶，这个孩子此前也曾服过鼠药，不过上次买到的是假药，

第一章　从认识死亡开始

服药后没任何反应。而另外3个孩子和这个孩子是很要好的朋友，于是他们产生了集体自杀的念头。

上面两则故事就是两种不同的死亡方式，一种死重于泰山，一种死轻于鸿毛。谭千秋以自己的死保护了4条年轻的生命，这种死重于泰山。而重庆巫山4小学生却因为一些小事要了却自己的生命，若是不能及时抢救过来，这样的事就太不值得。

六、生与死无法分开来认识

生与死是一对对立的范畴，代表着两种截然不同的状态，但两者又是有联系的，可以向对立面转化。世上的一切事物均有生有灭，有死才会有生，如从地球资源和空间的有限性来说，只有生没有死，那就会有一天存在的生物占满了世上的一切角落，而不容新的生物类型或个体再生，只有老的类型或个体死去，腾出空间，新的生物类型或个体才能出现。

心理学家认为，通常大多数人在儿童时代（八九岁时）开始萌生了死亡意识，与此相应，亦有了生存意识。生死大事之所以如此震撼人心，正是因为它是一个人"存在"还是"不存在"的难题。生意味着"存在"，我活着，思想着，活动着，我是"存在"的。与此相反，死则意味着"无"，意味着"不存在"。让一个活生生的、存在着的人去想象、去思考自己的死、自己的"无"、自己的"不存在"，这无论如何都是一件令人无法接受、令人尴尬难堪的事。

超越死亡

既然如此，那么最好的办法莫过于变换一下对死的态度，既不逃避，也不企图直接思考死本身，而是去思考死对人生的意义，思考那由漫无边际的虚无所衬托出来的短暂的人生，那是我们每个人都要经历的人生。做人真难，但是做人真好。作为一个人而存在，这意味着与自然万物不同，你能知善恶，辨是非，明事理，爱众生。上天入地，建功立业，知晓过去，把握现在，探索未来，游戏于天地之间。不仅如此，肉体上的欢乐与痛苦，和精神上的欢乐与痛苦也是有区别的。一般说来，肉体的欢乐与痛苦总是暂时的、外在的。而精神上的欢乐与痛苦则是较为持久的、内在的。所以，即使是主张人生的目的就在于获得快乐或幸福的哲学家也承认，精神的快乐远高于肉体的快乐。

人是一种有限的理性存在。人首先是自然存在物，他与自然万物一样有生有死，只有短暂生命的他存在于有限的时间与空间之中，他是有限的，他终有一死。然而，人不仅有生命意识，不仅应该正视生死难题，而且也必须能够形成"超越生死"的观念。道理很简单，人生的意义问题要求我们对人生作整体的透视与思考，而人生以死为界限，正是死将人生限制成为一个有限的整体。因为有死，人生才产生了意义问题，我们才会追问人生的意义。人生苦短。不管人生之中充满了怎样的烦恼与痛苦，若与人不免一死相比，这些烦恼与痛苦都实在算不了什么，甚或简直变成了幸福与欢乐。人生是短暂的，那么在经历了这短暂的人生之后，我们将归于何处？死是什么？死意味着什么？因此，"未知死，焉知生"这句话的意思可

第一章　从认识死亡开始

以理解为：面对生死难题，必须先知死然后知生，认识死亡乃是认识人生的前提。

由此可见，人生的意义本身其实是相对的、不确定的，它完全取决于我们对死亡的态度。换言之，我们对死的态度决定着我们对人生的态度。不知死，就不可能知生。因此，当我们说"思考"死亡、"直面"死亡时，只是说将死当作人生的界限来反观它对人生的意义，而且归根到底对死的意义的认识乃是以生为前提的。只有活生生的人才能去"知"死，而一个活生生的人"知"死，总是以生为其立足点的。人生的意义问题源自人的有限性，因而我们不可能离死而谈生，也不可能离开生而论死。可见，人生的意义问题源自人生的缺憾。只是由于人终有一死，我们才生发出在这短暂的一生当中究竟为什么生活以及应该如何生活的问题。既然如此，我们实在无法离开死而谈生，或离开生而论死。

超越死亡

第二章　人生最宝贵的是生命

前苏联作家奥斯特洛夫斯基在他的小说《钢铁是怎样炼成的》一书中，借主人公保尔·柯察金的话说："人生最宝贵的是生命，生命属于人只有一次。一个人的生命应当这样度过：当他回忆往事的时候，他不致因虚度年华而悔恨，也不致因碌碌无为而羞愧；在临死的时候，他能够说：'我的整个生命和全部精力，都已献给世界上最壮丽的事业——为人类的解放而斗争。'"

生命是有限的，也是最宝贵的，每个人的生命只有一次，我们能够来到这个世间是幸运的，因而也应该好好珍惜，珍惜生命，热爱生活。在现实生活之中，并不是所有人都能明白这一看似简单的道理，有些人甚至把生命当儿戏，打架斗殴，酗酒闹事，吸食毒品，违章驾驶等等，使生命就这样无谓的消失或者从此变得暗淡无光。

一、违章驾驶，视生命为儿戏

20世纪80年代末，我国（未包括港澳台地区，下同）交通事故年死亡人数首次超过5万人。至今，我国交通事故死亡人数已经连续10余年居世界第一。而且短短十几年间，在滚滚车轮下丧生的人数，已从每年5万多人增长到10万多人。各种统计数据和研究表

第二章 人生最宝贵的是生命

明,我国已经进入道路交通事故的高发时期。以衡量交通安全一个很重要的指标"万车死亡率"(每1万辆车的交通事故死亡率)为例,1999年我国万车死亡率为15.45;而同期美国是2,法国是2.5,日本是1.3,韩国是8.2。2002年,我国的万车死亡率为13.71,虽略有下降,但依然大大高于发达国家及某些发展中国家。目前,我国交通事故已经成为各种事故中的"第一杀手":在2002年的各类事故中,交通事故死亡人数所占比例为78.5%;2003年上半年,这一比例为76.3%。造成交通事故的直接原因是多方面的,这主要与交通参与者的素质及道路设施条件、车辆机械性能有关。其中的一个重要原因是一些人交通安全意识和法制观念比较淡漠,违章现象比较普遍。特别是车辆驾驶人员超载、超速、疲劳驾驶、酒后驾车、无证驾驶等严重影响道路交通安全的行为大量存在。

比如近年来明星出车祸的事件不断发生,对此有人做过分析,其中主要原因有:

1. 超速驾驶。2000年1月30日凌晨6时,在《还珠格格》中扮演香妃而深受观众喜爱的青年演员刘丹在广深高速公路深圳机场路段遭遇车祸身亡。当时车速很快,司机在发现路中间有障碍物时紧急刹车,车子随后撞在路边的护栏上,巨大的撞击力将当时正在后座熟睡的刘丹由车后玻璃窗抛出车外,头部破裂,当场死亡,年仅26岁。

2. 疲劳驾驶。2006年8月29日16时至17时之间,胡歌一行人从位于横店的《射雕》剧组出发到上海参加宣传活动,途经嘉兴时遭遇车祸，胡歌乘坐的私家商务车与一辆货车发生碰撞，胡歌的助理张小姐当场死亡，胡歌的伤势也十分严重。嘉兴高速交警经过调查取证后，初步结论是疲劳驾驶。胡歌的司机事后也表示，出事是因为这几天没有休息好。

3. 酒后驾驶。2004年5月11日23时20分，著名演员牛振华驾驶小客车在北京市海淀区西外大街主路白石桥下由西向东行驶时，小客车前部撞在前方同方向行驶的一辆河北籍的大货车尾部。牛振华当场死亡。海淀交通大队经过勘查取证后认定，牛振华每百毫升血液中酒精含量为205毫克，系醉酒驾车。

上面的几起明星车祸原因其实也是大多数车祸的原因。从对北京市2001～2006年交通事故状况统计情况来看。驾驶机动车违反道路交通安全法律法规是交通事故的主要原因。2006年因机动车违反道路交通安全法律法规造成交通事故4166起，占总量的75%。

北京2001～2006年交通事故状况

年份	事故起数（起）	死亡人数（人）	受伤人数（人）	直接经济损失（万元）
2001	17645	1447	10424	626710
2002	12053	1499	10456	411210
2003	10842	1641	9877	436114
2004	8536	1631	8284	405719
2005	6364	1515	6888	291515
2006	5808	1373	6681	277119

违反道路交通安全法律法规是一种人为的因素，而由此所造成

第二章 人生最宝贵的是生命

的交通事故，就是一种人为的结果，既然是人为的，也就是可以消除的。在这里一个非常关键的问题就是人的生命价值观问题，如果我们爱惜生命，就应该严守交通规则，不违章驾驶。很多车祸并不纯粹是意外，如果每个驾驶者和行人都能中规中矩的遵守交通规则，就不会有这么多车祸。这里其实就是一种对生命的价值的重视，真正热爱生命的人，有着强烈的生命价值意识，必定会遵守交通规则，不拿自己和他人的生命当儿戏。

二、逞一时之勇，酿终身遗憾

有些人为区区小事动不动就打架斗殴，造成不必要的伤亡。这其实就是太不把生命当一回事，其结果必定是既害人又害己。请看下面一个例子：

15岁少年聚众斗殴致人死亡获刑

据《法制日报》报道，刚满15岁的许强，还是名初中生，但已经是某网络游戏的高手，因为网游，许强结识了不少玩家，其中还包括他的网络"情人"琪琪，以及后来反目成仇的玩家"小北京龙少"夏俊。2008年3月，因为夏俊在游戏中抢走了许强的武器装备，两人产生了纠纷，气愤的许强在网上辱骂夏俊，并扬言要对其进行报复。4月5日，夏俊又在网上约许强的网络"情人"琪琪见面，并将这一消息告诉了许强，两人的矛盾再次升级。许强立即拨通了夏俊的电话，两人在电话中互骂起来，并约好了地点要打架。

超越死亡

接到许强的"挑战",夏俊并没有太在乎。他认为,自己年龄比许强大,许强也就是虚张声势,不可能对自己产生什么威胁。于是,夏俊就叫了自己的4个同学,也没准备什么"武器",一起去了约定地点。可让夏俊始料不及的是,许强并非他想象的"虚张声势",他不仅纠集了黄某、李某等11个人,而且还专门购买了铁管、铁棍和白手套等作案工具,气势汹汹地等在约定打架的地点。

据夏俊回忆,当他和4个同学来到约定的见面地点时,突然一群拿着棍子的人从后面追了上来,还有人大喊:"就是他。"一看形势不对,夏俊跑到了附近的一个居民小区躲了起来,直到约半个小时后,一个同去的同学打电话给他,告诉他有人被打了。

夏俊不知道,就在他躲起来的这段时间内,许强等人用手中的铁管、铁棍猛打他的4名同学,一边殴打一边大声叫喊"打的就是北京龙少,让你们嚣张!"打红了眼的许强和黄某更是对已无力还手的王某穷追不舍。

据黄某后来在公安机关的供述,当时见到王某头部受伤流血后,他们不仅没有害怕,反而都感到非常兴奋,继续不顾一切地在其头部猛击了十多下,直到将其打晕为止。就是这样穷凶极恶地殴打,导致王某最终因伤势过重抢救无效死亡。经法医鉴定,王某为"钝性外力作用于头部,致颅脑损伤死亡"。5人中,除了夏俊因躲避及时,没有受到任何伤害外,与其同来的其他3人则分别受了不同程度的轻伤。

此案在一审过程中,北京市朝阳区人民法院认定,许强、黄某

第二章　人生最宝贵的是生命

等人的行为已经构成了共同犯罪，而许强、黄某在纠集他人聚众持械斗殴中致死1人、致伤3人的共同犯罪中起主要作用，且行为严重，应以故意伤害罪对其处罚。但许强、黄某在犯罪时尚未成年，而且黄某在归案后还协助公安机关抓获了同案犯，因此应对二被告人依法减轻处罚。据此，一审法院分别以故意伤害罪判处许强有期徒刑7年，黄某有期徒刑6年6个月，其他7人则以犯故意伤害罪和聚众斗殴罪被判处3年至1年不等有期徒刑，缓期执行。

本案中的少年一方面缺少法制教育，另一方面就是对生命的漠视，把自己和他人的生命当儿戏，为不值一提的小事打架斗殴，给自己和他人带来极大的伤害。而这种现象可能不是极个别的情况，据东北新闻网报道，只因一时冲动，十几岁的少年动手打架乃至杀人，哈尔滨市中级法院少年法庭在一个多月里审理了三起类似的未成年人犯罪案件。

酒后滋事，14岁少年酒后行凶被判无期

2008年7月，被告人王力与张明、刘佳半夜喝完酒后，在阿城区和平街北新小区滋事。他们将该小区一小卖店门前存放的百事可乐空玻璃瓶摔碎，店主赵某兄弟与三人理论，王力掏出随身携带的尖刀连刺赵某8刀后逃离现场。赵某经抢救无效死亡。经法院审判，王力因犯故意杀人罪，被判处无期徒刑，剥夺政治权利终身，而他在犯罪时年仅14岁。

超越死亡

多看一眼，16岁男孩刺死15岁男孩

2008年1月，呼兰区发生了一起在游戏厅的命案。被告人秦明、王飞、郭锐在呼兰区康金镇新世纪游戏厅内玩游戏，王飞和郭锐看了同在游戏厅玩的15岁少年孙悦一眼，孙悦感到不高兴就叫3人到游戏厅外说道说道。一出游戏厅，孙悦用砖头打了秦明头部一下，秦明掏出随身携带的尖刀刺了孙悦4刀。孙悦跑回游戏厅，王飞夺下秦明的刀追上孙悦，又刺了孙一刀。此后，面对孙跪地求饶，秦明等人仍然对孙拳打脚踢。孙经抢救无效死亡。经审，秦明等三人犯故意伤害罪分别被判处有期徒刑，他们犯罪时都未满16岁。

口角变群殴，20人参与一人被打死

2008年3月发生的一起20多人参与的斗殴致死案件更令人触目惊心。当天，被告人王强在宾县二中校外学生租住的居民楼院内，看到孟浩等人盯着自己看，心存不快，与之争吵并厮打在一起。王强将孟的朋友宋明鼻子打伤。22时许，宋明和王强各自找来十多个"哥们儿"殴斗。殴斗中，王强的表弟王力被宋明找来的张鹏追着用棒球棒打倒在地，随后刘宏等人对王力继续殴打。最终，王力被打死。经审，张鹏、刘宏犯故意杀人罪，被判处有期徒刑7年，其余参与者也分别被判处有期徒刑。案发时，此案的7名涉案人员均未满18岁。（新华　哈尔滨日报　李黎　张巍）

在以上这几个例子，聚众斗殴的原因都是区区小事，如果他们

第二章 人生最宝贵的是生命

能够真正认识到生命价值的珍贵，热爱生命，则这些事情完全可以避免发生，但由于他们对生命价值的漠视，逞一时之勇，结果既伤害了他人，也让自己付出了沉重的代价。

三、吸毒让生命从此暗淡无光

20世纪80年代，面对毒品在全球日趋泛滥、毒品走私日益严重这一严峻形势，联合国1987年提出"爱生命、不吸毒"的口号，并建议将每年的6月26日定为"国际禁毒日"，以引起世界各国对毒品问题的重视，共同抵御毒品的危害。同年12月，第42届联合国大会通过决议，正式将每年6月26日确定为"国际禁毒日"。在过去的20多年中，吸毒问题就像瘟疫一样在全球迅速蔓延，蔓延速度之快、波及人群之广已远远超过地球上曾经发生过的任何瘟疫。任何国家、任何社会阶层毫不例外地受到吸毒问题的影响。吸毒问题已经成为严重威胁全球人类生存的最严重的医学和社会问题之一。在我国，海洛因滥用者已在过去的几十年中由十几例激增到五十多万。有资料表明，吸毒者的平均寿命较一般人群短10～15年。25%吸毒成瘾者会在开始吸毒后10～20年后死亡。也就是说约1/4的吸毒者会在30～40岁死于与吸毒相关问题，因为大部分吸毒者是在20岁前后开始吸毒的。近年来开始吸毒的年龄还有逐渐提前的趋势。在有些国家，中学生吸毒已经成为非常普遍的现象。

吸毒人群的死亡率较一般人群高15倍。根据美国的估算，海洛因滥用者不到全美人口的1%，但每年直接死于海洛因中毒者就高达

超越死亡

6000人。根据英国的估算，每年海洛因吸食者的死亡率可高达16‰~30‰。

多种原因可以造成吸毒者死亡率高于一般人群，归纳如下：

1. 吸毒过量死亡

吸毒者尤其是静脉扎毒者，每次使用毒品时都有过量中毒的危险。很多吸毒过量死亡者甚至没有来得及把注射器拔出来。统计表明，过量吸毒致死多见于年龄较轻者。黑市上出售的海洛因纯度极不稳定，吸毒者每次获得的海洛因纯度不尽相同，他们根本无法判断其含量。偶尔买到高纯度的毒品，极易引起过量。吸毒者为最大限度地追求快感常冒险使用超大剂量毒品，也可引起过量中毒。另外，有些人为增强快感，把多种毒品混在一起注射，更易引起呼吸中枢抑制而死亡。不仅如此，多药滥用还造成诊断困难，不易抢救成功。

2. 吸毒者的自杀率远远高于一般人群

有资料表明，吸毒者自杀发生率较一般人群高10~15倍。吸毒者每时每刻都处于严重的应激状态中，他们时常受到戒断症状的折磨；他们时时为如何获得下一次毒品而谋划和忧虑；他们营养不良，时时忍受吸毒引致并发症的痛苦；他们众叛亲离，被家庭和朋友所抛弃；他们时时受到执法人员的监察；他们经常受到贩毒者的威胁；有时，他们还会受到自身后悔、内疚感的折磨。以上种种原因常常会驱使吸毒者选择自杀来了结自己年轻却是可悲的生命。

第二章　人生最宝贵的是生命

3. 吸毒者参与犯罪死于非命的发生率高于一般人群

吸毒这一恶习的花费非常巨大，常常使吸毒者倾家荡产。他们为获得买毒品的钱常冒险参加各种违法犯罪活动。在从事这些活动的过程中，他们互相残杀的概率均显著提高。

4. 吸毒者易死于各种吸毒引致的并发症

毒品可对中枢神经系统、循环系统、消化系统、造血系统、免疫系统等造成直接损伤而引起死亡。扎毒者易发生各种感染，其中，化脓性感染的发生率可达40%；此外，病毒性肝炎、心内膜炎、肾炎、结核等的发生率也显著提高。吸毒者患艾滋病的发生率更是显著高于一般人群。在我国现有的艾滋病患者中，50%以上是通过吸毒感染的。还有一部分吸毒者因对毒品或毒品添加成分过敏而发生过敏性休克死亡。

5. 吸毒者患病后不积极求治易发生死亡

吸毒成瘾者以获得和使用毒品为生活中心。他们不关心身体健康，即便发现身体不适也常常不会及时求治，失去最佳治疗时机，造成治疗困难。毒品常常掩盖疾病的主观症状，造成治疗延误。此外，吸毒者生活不规律，常不遵守医嘱，影响治疗效果。

6. 吸毒者常死于各种意外事件

毒品可影响吸毒者的精神活动，使吸毒者出现认知功能障碍、注意能力下降和操作能力下降。有些毒品使吸毒者不能正确判断高度和距离。吸毒者本来在20层楼上，他却错误地判断自己在平地上，于是，他本想"走"到街上，却从20层楼跳了下来；迎面而来

超越死亡

的汽车离自己已经很近了,吸毒者却错误地判断车离他还很远,于是,他迎着车走过去……吸毒者因操作能力下降发生车祸和各种工伤率增高。根据美国某中等城市的统计,在因危险驾驶而被捕的人员中,有16%是在吸食大麻后驾车的。

以上分析说明吸毒已成为了人类死亡最重要的直接或间接原因之一。如果我们把死亡原因分为客观因素和主观因素,则吸毒直接或间接致人死亡是一种人为因素的结果,它是一种人祸。

截至2005年底,中国登记在册的吸毒人员已超过116万。尤其让人痛心的是,青少年已成为我国吸毒的主要高危人群。央视《东方时空》2006年6月27日播出"毒品不是儿戏"节目,节目中报道了这样一个事实:6月19日凌晨,辽宁省灯塔市的一家医院里突然来了一位年轻的患者,他满脸发青,手脚僵硬,嘴角和鼻孔还不断往外流着血……虽然医生全力抢救,但两个小时后,这个年仅19岁的青年还是死亡了,而造成这一切的罪魁祸首正是不久前他在歌厅里吸食的K粉和摇头丸。可能有人会为这个年轻人的死感到痛心,但让我们更痛心的却是,他显然不会是毒品的最后一名年轻的受害者。据不完全统计,在我们国家的吸毒人群中,青少年占到了近7成,而最小的吸毒者甚至还不到10岁。在这个节目里,中国人民公安大学禁毒教研室副教授李文君介绍说,目前吸毒的人群应该是越来越低龄化,尤其是吸食新型毒品的人很多都是青少年,我们也发现一些在校的学生也加入到新型毒品吸食的行列,甚至有一些小孩在庆祝生日的时候,和同学们一起吸毒来庆祝自己的生日。

第二章 人生最宝贵的是生命

吸毒者为什么以青少年居多？青少年吸毒的原因是复杂的、多种多样的，有社会的原因，自身的原因，也有生理的、心理的等诸多原因。大致可以归纳成以下几条原因：

第一，青少年大多单纯无知，有强烈的好奇心，且从众心理强，一人吸烟大家跟着吸，一人吸毒大家跟着试。据深圳戒毒所统计，1991年至1995年收戒的3006人中，因为好奇、受诱惑而染上毒瘾的占70%。19岁的梁某，1994年2月在朋友家见别人吸毒很好玩儿，便好奇试试，不料一试就上瘾，两次戒毒都未能如愿。某些毒品犯罪分子正是利用了青少年这种好奇心，采用种种方法诱骗其吸毒上瘾，从而成为其长期的买毒客户。如某毒贩夫妇，用赊账供毒的方式先后诱骗76名青少年吸毒成瘾，榨干了他们的钱财，并致使其中4人因过量吸毒死亡。

第二，部分青少年成长过程中遇到挫折，逆反心理强，精神空虚，经不起诱惑，会在毒品中寻求刺激。青少年阶段是人生的黄金时期，也是人生的"危险期"。这一时期他们的人生观、价值观、世界观尚未定型，在生理上和心理上都不成熟，正在体验着人生最激烈的情绪变化。这一时期最易受外界的影响，一旦遇到生活困难、人际冲突、婚恋失败、升学就业受挫等挫折，就会灰心丧气，精神颓废，心灵空虚。为了弥补心灵的空虚，便去寻找各种刺激，而毒品就是一种可以在短暂时间内给人以强刺激的物品，因此，这些精神空虚的青少年往往会染上毒品，试图在毒品中寻找安慰，忘却烦恼。广州戒毒所对116名吸毒青少年的调查表明，其中的40%是由于精神空虚，为了从毒品中获得刺激，寻求安慰而染上吸毒的瘾。

第三，部分青少年盲目追求时髦，把吸毒视为时尚，他们最开始是学会抽烟，然后不知不觉的发展到吸毒。

第四，青少年自我防卫能力弱，对毒贩的引诱逼迫无力拒绝。

第五，青少年容易轻信、偏信，受骗上当。

据警察抓获的毒贩招供，毒贩引诱青少年吸毒通常有以下几招：

毒招之一：谎称"毒品一两次不会上瘾"。但众多吸毒者的亲身经历是：一日吸毒，长期想毒，终生戒毒。

毒招之二：免费尝试。几乎所有吸毒者初次吸食毒品，都是接受了毒贩或者其他吸毒人员"免费"提供的毒品。此后，毒贩们再高价出售毒品给上瘾的青少年。

毒招之三：声称"吸毒治病"。毒贩们利用人们对毒品的无知和对疾病的恐惧，引诱青少年吸毒。但实际情况是，吸毒会严重危及青少年的身心健康，损害人的大脑，影响血液循环和呼吸系统功能，还会降低生殖和免疫能力，最后导致死亡。

毒招之四：鼓吹"吸毒可以炫耀财富，现在有钱人都吸毒"。毒贩们瞄准了通过努力取得成功积累了一定财富的一些青年，向这一群体的人们兜售"吸毒是有钱人的标志"这样一个极其荒唐的错误观念。

毒招之五：利用女青年爱美之心，编造"吸毒可以减肥"的谎话。实际情况是，吸毒不仅损害面容和身体，还摧残人们的意志。

毒招之六：许多毒贩常把改头换面的毒品说成不是毒品，如摇头丸、止咳水和其他片剂，使青少年丧失警惕。

　　毒招之七：谎称吸毒可以提高学习成绩。实际上是吸毒会损害大脑中枢神经，以致精神萎靡不振，记忆衰退，成绩下降。

　　青少年吸毒现象日益严重，除了青少年年幼无知，容易上当受骗外，另外一个重要原因是青少年对毒品缺乏正确的认识，没有认识到吸毒所造成的真正危害。调查表明，缺乏法制观念与对毒品危害认识不清是导致一些人吸毒的主要原因。毒品有毒，已不是鲜为人知，但毒在哪里，对人体究竟有多大危害，知道的人就不多了。有的认为吸毒可以解愁取乐、潇洒人生，有的说毒品没有多大害处，要说有害就是价钱太贵。由于对毒品的危害性认识不清，在思想上毫无抵制能力，从而放纵自己，最后染上吸毒恶习。因此，加强禁毒预防宣传教育具有非常重要的意义。首先通过宣传教育可以加深人们对毒品危害性的认识，提高人们的自我保护意识和自觉自愿抵制毒品诱惑的决心；其次通过宣传教育可以增强人们的社会责任感，加强社会监督，使反毒斗争成为一种全民和全社会的自觉斗争。

　　要想从根本上拒绝毒品，青少年一定要构筑拒绝毒品的心理防线。具体而言，应从三个方面来做：

　　第一个方面，正确对待挫折和困难，青少年在学习、生活中遇到考试成绩不尽如人意、和朋友恋人吵架分手、家庭生活遇到困难等都是正常的，要正确对待。遇到这类情况时，可以试着和父母、老师、同伴沟通，或者听听自己喜欢的音乐，参加自己喜欢的体育活动等，分散自己的注意力，排解烦恼，绝对不要用毒品来麻醉自己，逃避现实，回避困难。当别人用毒品来引诱你、安慰你时，一定要意志坚定，坚决拒绝。

第二个方面，正确把握好奇心，抵制不良诱惑。好奇是青少年的共同特点，对于没有体验的东西，总有一种跃跃欲试的愿望。但是，一定要明辨是非，把握好奇心。面对毒品，一定要态度鲜明，千万不要心存侥幸，以好奇为由去尝试，自觉抵制不良诱惑，千万不要吸食第一口。

第三个方面，牢记"四知道"。即知道什么是毒品，知道吸毒极易成瘾、难以戒除，知道毒品的危害，知道贩毒吸毒是违法犯罪要受到法律制裁。

四、自杀——不能勇敢地面对

全球每年有100万人死于自杀，而中国就占了25万。在这些自杀的人中，青少年占很大的比例。请看下面的例子。

1. 湖北某地的一位中学生，因为他的父母对他希望很大，所以对他要求很严格。而这个学生成绩也不错，但似乎总不能让父母满意，为此，常与父母闹矛盾。终于有一天，这个学生在"无奈"的情况下，选择了卧轨自杀寻求解脱。

2. 成都市一个13岁少年因与父母就学习问题发生争执纵身跳下了7楼，结束了生命。

3. 16岁学生陈某用亲人给的压岁钱长时间打电子游戏。当晚，在家人对其教育时，陈某进入家中卫生间，久久不出。家人发现情

第二章　人生最宝贵的是生命

况不妙，冲入卫生间发现陈某已用两条毛巾将自己吊死在水管上。

4. 河南一高三考生，高考成绩估分不理想，竟在家自杀，而高考成绩揭榜时，她的高考总分超过本科分数线33分。

5. 因为没能在演唱会现场和喜爱的歌星面对面说上一句话，一名19岁女孩吃下80片安眠药自杀。

6. 东东这个长得1.7米高的大个子男生，留下一封简短的遗书后，跳楼身亡。一瞬间就永别了亲人及同学、老师。

据科学研究表明，中国每年有28.7万人死于自杀，卫生部也报道，每年有200万自杀未遂者接受医学治疗，自杀是中国第五大致死原因，目前15~34岁年龄段人口中，自杀是位列第一的死因，且农村女性比例尤为偏高。研究表明，30%的自杀者和60%的自杀未遂者在自杀时不伴有精神障碍，人际关系危机出现问题而导致的冲动性自杀行为在自杀未遂中占较高比例。冲动性自杀往往只是为了一件小事，不加以任何深思熟虑就冲动地结束了自己的生命。

青少年自杀是多种原因共同作用的结果，其中缺乏生命教育是一个重要的原因。目前青少年接受的教育缺乏珍爱生命的内涵，造成青少年对生命价值和生活意义的扭曲。珍爱生命的教育就是要告诉他们，生命的可贵、生活的丰富、人性的多彩、没有经历过的一切是那样的神秘而美妙，不要轻易放弃生命。这种珍爱生命的教育应该在家庭、学校和社会中始终一贯地执行下去。现在的孩子缺乏沧桑成长的机会，所以体味不到生命的不易。沧桑并非人为地去创造恶劣环境让年轻人吃苦受罪，而是不过分地溺爱他们，不刻意地

"保护"他们,让他们勇敢的直面生活的艰难困苦,生活和内心的丰富才是真正的"沧桑"。生命教育应当告诉孩子们,当个人欲望达不成满足、被人误解、付出很大努力而回报甚微时,应该如何应对;要教育孩子并不是身边每个人都能肯定你的人格,当别人对你产生误解时,一定要具有正确评估的技能。

五、艰难困苦面前永不言弃

生活对于我们大多数人来说是幸运的,因为至少我们拥有健康的身体,而那些被病痛和伤残所折磨的人们,他们的生活要比我们常人艰难得多,但他们依然快乐而有尊严的活着,他们的故事能让我们感受到生命的真正可贵与崇高。

张海迪:高位截瘫,却身残志坚

张海迪,1955年9月生于济南,汉族,哲学硕士,中共党员,山东省作家协会创作室一级作家,第九届、第十届全国政协委员,第十一届全国政协常委,中国残疾人联合会主席、中国作家协会全国委员会委员,山东省作家协会副主席。

5岁的时候,张海迪因患脊髓血管瘤,髓液变性,节段性坏死,曾动过4次大手术,摘除了6块脊椎板,造成严重高位截瘫,自第二胸椎以下全部失去知觉。但她身残志坚,勤奋学习,热心助人,被誉为"当代保尔"。在残酷的命运挑战面前,张海迪没有沮丧和沉沦,她以顽强的毅力和恒心与疾病作斗争,经受了严峻的考验,对

第二章　人生最宝贵的是生命

人生充满了信心。她虽然没有机会走进校门，却发愤学习，自学成才，学完了小学、中学全部课程，学会了英语、日语、德语和世界语，并攻读了大学和硕士研究生的课程。为了对社会做出更大的贡献，她先后自学了十几种医学专著，同时向有经验的医生请教，学会了针灸等医术，为群众无偿治疗达1万多人次。同时她还学会了修理电视机、收音机。1983年3月7日，共青团中央在北京举行表彰大会，授予被誉为"80年代新雷锋"的张海迪同志"优秀共青团员"称号。

1983年张海迪开始走上文学创作的道路，她以顽强的毅力克服病痛和困难，精益求精地进行创作，执著地为文学而战，至今已出版的作品有：长篇小说《轮椅上的梦》《绝顶》。散文集《鸿雁快快飞》《向天空敞开的窗口》《生命的追问》。翻译作品《海边诊所》，《丽贝卡在新学校》《小米勒旅行记》，《莫多克——一头大象的真实故事》等。张海迪创作和翻译的作品超过100万字。

1991年，张海迪接受医生诊断，得知鼻部患有黑色素癌。于是，她经历了生命中第6次大手术。手术后，张海迪身体状况差到了极点，但她继续以不屈的精神与命运抗争，坚持就读吉林大学哲学系，攻读研究生课程。两年后，经过不懈的努力，她通过了研究生课程考试，写出了论文《文化哲学视野里的残疾人问题》，并通过了论文答辩，获得学位，成为中国第一位坐着轮椅的哲学硕士。张海迪以自身的勇气证实着生命的力量，正像她所说的："像所有矢志奋斗的人一样，我把艰苦的探寻本身当作真正的幸福。"她以克服自

超越死亡

身障碍的精神为残疾人进入知识的海洋开拓着一条道路。人们为什么爱海迪，那是因为在她身上有面对疾病和困难的勇气。

张海迪多年来还做了大量的社会工作，她以自己的演讲和歌声鼓舞着无数青少年奋发向上。她也经常去福利院、特教学校、残疾人家庭，看望孤寡老人和残疾儿童，给他们送去礼物和温暖。近年来，她为下乡的村里建了一所小学，帮助贫困和残疾儿童治病读书，还为灾区的孩子捐款，捐献自己的稿酬6万余元。她还积极参加残疾人事业的各项工作和活动，呼吁全社会都来支持残疾人事业，关心帮助残疾人，激励他们自强自立，为残疾人事业的发展做出了突出的贡献。

是什么力量让张海迪能够在高位截瘫的情况下，做出健康的普通人都难以做出的成绩？对生活的热爱、对生命的珍惜、对他人的关怀、对社会的责任感让张海迪拥有了无比强大的力量，使她能勇敢地面对生活中的各种艰难困苦，不断接受新的挑战，不虚度光阴。这说明对生命的挚爱可以成为我们人生前进的动力。

桑兰：笑对命运

桑兰，1981年6月出生于浙江宁波，体操运动员，1998年7月21日在纽约友好运动会上意外受伤，导致高位截瘫。桑兰在面对人生中如此重大的变故时表现出来的乐观使人们为之感动，她的主治医生说："桑兰表现得非常勇敢，她从未抱怨什么，对她我能找到的表达词就是'勇气'。"就算是知道自己再也站不起来之后，她也绝

第二章 人生最宝贵的是生命

不后悔练体操,她说:"我对自己有信心,我永远不会放弃希望。"因为她的坚强、乐观,美国院方称她为"伟大的中国人民光辉形象",而那么多美国普通人去看她,并不只是因为她受伤了,而是为她的精神所感染。每天上午和下午,医生都要给桑兰进行两小时的康复治疗,从手部一直推拿到胸部。桑兰总是一边忍着剧痛配合医生,一边轻轻哼着自由体操的乐曲。主治医生拉格纳森感动地说:"这个小姑娘用惊人的毅力和不屈的精神,给所有的瘫痪者做出了榜样。"日子一天一天过去了,桑兰可以自己刷牙,自己穿衣,自己吃饭了。但有谁知道,在这些简单得不能再简单的动作背后,桑兰是怎样累得气喘吁吁、大汗淋漓的!1998年10月30日,桑兰出院了。面对无数关心她的人,桑兰带着动人的微笑说:"我决不向伤痛屈服,我相信早晚有一天能站起来!"

1999年1月她成为第一位在美国纽约时代广场为帝国大厦主持点灯仪式的外国人,1999年4月荣获美国纽约长岛纳苏郡体育运动委员会颁发的第五届"勇敢运动员奖",2000年5月点燃中国第五届残疾人运动会火炬,2000年9月代表中国残疾人艺术团赴美演出。2002年9月,桑兰加盟世界传媒大亨默多克新闻集团下属的"星空卫视",担任一档全新体育特别节目《桑兰2008》的主持人,她用这样的方式继续着自己的奥运之路。也是在2002年9月,桑兰被北京大学新闻与传播学院新闻系破格免试录取,就读广播电视专业。2007年桑兰与互联网结缘,她的全球个人官方网站上线,同时她也被聘为中国奥委会官方网站特约记者!桑兰在

超越死亡

2007年6月作为"奥运之星保障基金"的发起人，加入到了"奥运之星保障基金"的筹建工作中，为了让更多曾做出突出贡献的伤残运动员有个更好的归宿，她将为退役运动员的社会福利事业展开各方面的工作。

命运的多舛没有让桑兰低头，面对新的人生境遇，她艰难而又坚毅地开辟了新的人生道路。作为曾经的中国体操的旗帜性人物，在遭遇人生重大挫折后，桑兰始终用一种平和的心态看待自己，不幸只会让她更加的成熟。她的辉煌诉说着她的成长，她的人生低谷，也得到好心人不断地鼓励。她说，在自己最困难的时候，是大众给了她站起来的勇气。

2008年7月21日是桑兰受伤整10年，许多人面对桑兰有意回避那天发生的事情，但是桑兰说："面对现实我必须要记住那一天，在那一天我获得新生，在那一天我懂得了人生的艰辛。"国际奥委会前主席萨马兰奇先生在桑兰受伤时写信鼓励她，用奥林匹克精神坚强地与伤病抗争，永不放弃。桑兰说："那句话深深地感染着我，在这受伤的10年中我也在用我最能够体会到的奥林匹克精神与伤病抗争。我从没有后悔过练体育。"

桑兰乐观地看待不期而至的灾难，始终微笑着面对伤病带来的痛苦，积极地应对生活的各种挑战，并尽自己最大的可能为社会做出奉献。这其实就是一种对生命价值的最好的诠释。她用自己的努力和坚强，让"灾难"不再成为灾难，生活依然阳光明媚，生命仍旧熠熠发光。

第二章　人生最宝贵的是生命

海伦·凯勒：苦难是人生最好的试金石

美国著名作家马克·吐温曾经说过："19世纪出了两个杰出人物，一个是拿破仑，另一个是海伦·凯勒。"如果说，拿破仑是战场上的胜利者，叱咤于法国大革命时期的乱世枭雄；那么，海轮·凯勒则是生活中的勇士，是拒向命运低头、立志驱除人生黑暗的光明使者。

在她88年的人生岁月中，海伦·凯勒仅在生命的头19个月拥有光明和声音，一场突发的疾病夺去了她的视力和听力，不久后她又丧失了说话的能力，从此海伦·凯勒跌入黑暗与孤寂之中。然而这样一位在视力、听力和说话能力上都有严重障碍的重度残障者，却在老师安妮·萨利文的教育和帮助下，凭借坚强的意志和顽强不屈的奋斗精神，克服了与外界沟通的障碍，学会了读书写字和说话，并在24岁时以优异成绩完成了在哈佛大学德克利夫学院四年的学业，成为人类历史上第一位获得文学学士学位的盲聋人。之后她又致力于盲聋人的公共救助事业，为改善盲聋人的工作和生活条件，在安妮·萨利文的陪伴下，奔赴世界各地，创立慈善事业，积极为残疾人造福。

美国费城大学和英国格拉斯哥大学先后授予她"荣誉博士"学位，1964年她还被林登·B·约翰逊总统授予"总统自由奖章"，这是美国市民的最高荣誉奖。除此之外，她一生还勤于写作，共创作了14部文学作品，其中在大学时代写下的自传性作品《我的生活》，出版后即在美国引起了强烈反响，被誉为"文学史上无与伦比的杰作"，她也因此赢得全世界的尊崇。

海伦·凯勒的命运是不幸的，出生仅19个月就被病魔夺走了声音和光明。但是幼小的她并没有放弃，依然保持着对生命的热爱，失败、伤病、贫困……这些磨难看起来是一座座陡峭的山峰，但是却没有任何一座不可逾越。最重要的是要拥有一颗热爱生命、追求光明、永不屈服的心，只要做到了这一点，生命中遇到的任何困难都只不过是一个过程，是一次磨砺自己的机会。命运给予她不幸，她却并不因此而屈服于命运，她凭着不屈不挠的斗争精神和对幸福快乐的执著追求，奋勇与命运抗争，并最终冲破人生的黑暗与孤寂，赢得了光明和欢笑。由此可见，生命的价值是在人的一生当中通过人的奋斗呈现出来的。

六、只要活着就会充满希望

契科夫短篇小说集中的第一篇小说叫做《打赌》，内容梗概是：一位律师与一位银行家在一次沙龙聚会中在谈到死刑时争执起来，银行家认为无期徒刑还不如判死刑的好，他认为死刑比无期徒刑更合乎道德，更人道。死刑把人一下子处死，而无期徒刑却慢慢地把人处死；律师则认为活着总比死了好，活着就是希望。二人争执不休，最后打起赌来，赌注是律师让银行家把他关起来，15年后如果律师不违约，银行家的200万归律师所有。第二天早晨，律师便被银行家关进自己后花园的一间小屋，这间小屋只有一个送食物

第二章 人生最宝贵的是生命

的小小窗口。律师蹲在这个与世隔绝的小屋里开始过起监狱生活，企业家每天给他提供所要读的书。时间一天天流逝，律师读完了政治、经济、哲学、科学、神学、文学大全。

15年的时间终于到了，这时的银行家因在生意场中失利，他知道时间一到自己便会变成一个穷光蛋，于是他决定在到期的头天夜里杀死律师。银行家好容易打开那把15年来从来没有打开过的生锈的铁锁，发现律师正在残烛前伏案熟睡，银行家正欲趁机杀死这形容枯槁的律师时，却发现桌上放着一封给他的信。信中说，他感谢银行家，15年来他读了许多书，这些知识将是他终身用不尽的财富，他还明白了许多道理。他决定不再要银行家的财产，他将于明天拂晓前破窗而出，自动毁约。银行家看完信决定放弃杀死律师的念头。第二天拂晓前律师果然毁约破窗而出，既保留了银行家的财产，也保住了自己的生命。

这篇小说似乎包含了许多道理，热爱生命，活着便是希望，应该是它的主题，世间一切事物中最可宝贵的就是生命，所以我们要贵生。所谓贵生，即认为自己的生命贵于自己生命之外的东西，视自己的生命为自己最宝贵的东西。从生命最宝贵可以推知，贵生的行为对自己最有利，因为一个人如果贵生轻物，那么即使他失去身外名利，得到的却是最宝贵最有价值的东西——健康长寿；反之，重物轻生的行为对自己最有害，因为一个人如果重物轻生，那么即使他得到了身外名利，却失去了性命，那不就是杀身以易衣、断首以易冠吗？

超越死亡

2008年的汶川大地震，让很多人感触到了人的生命真的很脆弱，就在一瞬间，来不及思考，来不及挣扎，就这样，把生命交给了灾害。在那时，生命是多么的不堪一击，这些失去生命的人留下了很多遗憾。但同时，我们也看到了在灾难面前，生命的顽强与不屈。珍惜生命首先是指不放弃生命，不放弃生命是一个最基本的条件。

在废墟下读书的小女孩

2008年5月12日下午，在汶川大地震中，德阳鳌华镇中学教学楼垮塌以后，100多名学生被埋在废墟中，5月13日凌晨，当成都军区特种大队官兵救援时，发现一个女孩子，在废墟里打着手电筒看书，这一幕让救援的人员惊讶无比，这个女孩叫邓清清，她说："下面一片漆黑，我怕。我又冷又饿，只能靠看书缓解心中的害怕！"她的诚实如同她的坚强一样，让听者无不动容。

幼儿园废墟上传出儿歌声：我唱歌就不会觉得痛

2008年5月14日，北川县救援现场出现了感人的一幕——救援队员在一个幼儿园的废墟下发现了一个名叫任思雨的小女孩，废墟随时有可能因为余震而再次坍塌，孩子的生命危在旦夕，多名队员迅速赶来救援。"叔叔，我不怕，你们不要担心。"救援过程中，面对救援队员的安慰，孩子反倒安慰起了队员们。一块块砖石被移开，队员们才发现孩子双腿被卡，下半身沾满鲜血，从孩子咬紧的牙关

第二章　人生最宝贵的是生命

中，不难看出孩子正受着剧痛的折磨。由于工具简单，救援工作十分缓慢，就在大家着急之时，孩子突然唱起了儿歌，为自己壮胆。获救后，孩子告诉队员"我唱歌就不会觉得痛"，孩子天真而勇敢的儿歌声，正如一曲灾区民众的生命礼赞。

一女工被困216小时获救

新华网四川什邡5月21日电　2008年5月21日14时30分左右，被困在什邡金河一级电站一处工地达216小时的受伤女工崔昌会成功获救。

据什邡巴蜀金河电力有限公司总经理助理吴平介绍，地震发生时，位于什邡市红白镇境内的金河一级电站工地两个工作断面共有21名幸存者被困，其中6人重伤，32岁的崔昌会是其中伤情最重的一位。灾难发生后，有7名幸存者先后徒步下山，向政府报告受灾情况，什邡市、救灾部队等立即派出30多人的救援队前往搜救。但由于道路阻断，方位难以准确确定，救援工作陷入困境。

当时工地上唯一幸存的管理人员李均回忆说，受困两天后，大家为寻找吃的，便决定徒步爬山去往3公里以外的第二工作面，因为那里可能还有一点点粮食。考虑到被滑坡的石块砸伤腰部的崔昌会无法行动，大家将她抬到比较安全的地带，并搭建了一个简易雨棚，上面还搭了一块红色的破电热毯作为标记，并将他们仅剩的两个苹果和一个梨塞到崔昌会唯一能动的手里。两名熟悉的工友决定留下来陪她，却被崔昌会无情地"赶"走了："不要管我，再呆着就没得活了，你们一定要活着走出去。"两名工友只得含泪撤离。

直到18日，飞机在第二工作面空投了物资，其中一名工友冒险徒步来回爬了14小时山路，送东西给她吃。"本来以为她可能早就不在了，没想到她还顽强地活着！我真的太高兴了，比自己走出来都高兴，感谢解救她的解放军！"李均在电话里哽咽着对记者说。

21日13时许，救援直升机终于到达崔昌会所在的区域，医护人员随即对崔昌会进行了身体检查，发现她除腰椎和肱骨骨折外，没有其他外伤。对她在现场进行紧急处理后，立即将她抬上直升机。接近15时，崔昌会终于被送到成都华西医院进行抢救。到这个时候为止，她在深山被困已经整整216个小时。目前，崔昌会生命体征良好。

"被困9天9夜，仍能存活，真是生命的奇迹。"广州军区武汉总医院院长浦金辉说，"只要有一丝希望，我们就将竭尽全力搜救，希望这种生命的奇迹能够继续！"

在灾难面前，我们一定要有强烈的活下去的信念和勇气，有了这种信念和勇气就能克服任何困难。这么多的生命在灾难中突然的消失，让我们切身地感受到了生命的脆弱，同时也让我们领会到了生命的弥足珍贵。我们应该珍爱我们的生命，珍惜活着的每一天。经过这次灾害，使我们真正地意识到了只要我们活着，就是幸福。

生命因为脆弱和来之不易才显得弥足珍贵，也许今天你还能自由地安排自己的生活，但明天一场意外就会夺去你的生命……在生

第二章　人生最宝贵的是生命

命的旅途中充满着意外和起伏，谁能自信满满地保证自己能平安地走到最后呢？而我们的生命总是和很多人紧密联系在一起，你的出生带给了他们欢乐和希望，而你生命的终止，也总有人会悲痛伤怀……所以我们要善待自己，更要善待别人，善待一切生命，不要因为我们自己不经意的一举手、一投足而伤害到别人。三思而慎行，关爱和伤害也许就在我们的一举一动中。

生活之路不可能总是一帆风顺，这其中充满了无数的坎坷等着我们去翻越，还有无数的困难和挫折等着我们去战胜；但生活之路又总是与无数幸福小径相连，这其中有许多意外的惊喜等着我们去发现，还有许多美好的事物等着我们去创造。在人生漫长的征途中，我们用心的做好我们该做的事，全力以赴地去追求美好的理想和愿望。当有一天回首往事的时候，能够满足于自己生命过程中的充实，能够欣慰于自己对他人所做的一切，并且毫无遗憾地说：我已经努力了！这该会是多么的惬意。

因为有生命，这个世界才会充满爱与关怀；因为有生命，这个世界才会充满希望和未来。珍惜我们现在所拥有的生命，珍惜我们现在所拥有的生活，珍惜生命中的每一天，享受生活中的每一天，让我们在有限的时间里，活出质量，活出精彩，活出快乐。

七、享受生命中的每时每刻

热爱生命是一种情感，享受生命是一种人生态度，只有热爱生命才能享受生命，而学会了享受生命自然会更加热爱生命。生命是

超越死亡

宝贵的，而对于高贵的生命应当学会享用。不同的人可能会有不一样的享受观。当代学者周国平认为：人生有许多出于自然的享受，例如爱情、友谊、欣赏大自然、艺术创造等等，其快乐远非虚名浮利可比，而享受它们也并不需要太多的物质条件，我把这类享受称作对生命本身的享受。只有一次的生命是人生最宝贵的财富，但许多人宁愿用它来换取那些次宝贵或不甚宝贵的财富，把全部生命耗费在学问、名声、权力或金钱的积聚上。他们临终时当如此悔叹："我只是使用了生命，而不曾享受生命！"

有这么一则故事：

有一个人在森林中漫游的时候，突然遇见了一只饥饿的老虎，老虎大吼一声就扑了上来。他立刻用生平最大的力气和最快的速度逃开，但是老虎紧追不舍，他只能一直不停地跑下去，最后被老虎逼入到悬崖边上。站在悬崖边上，他心想，与其被老虎捉到，活活被咬死、肢解，还不如跳入悬崖，说不定还有一线生机。于是他纵身跳入悬崖。

非常幸运的他被卡在一棵树上，那是长在断崖边的梅树，树上结满了梅子。正在庆幸的时候，他听到断崖深处传来巨大的吼声，往崖底望去，原来有一只凶猛的狮子正抬头看着他，狮子的声音使他心颤，但他转念一想：狮子与老虎是相同的猛兽，被什么吃掉，都是一样的。当他一放下心，又听见了一阵声音，仔细一看，一黑一白的两只老鼠，正用力地咬着梅树的树干。他先是一阵惊慌，立刻又放心了，他想：被老鼠咬断树干跌死，总比被狮子咬死好。情

第二章　人生最宝贵的是生命

绪平复下来后，他感到肚子有点饿，看到梅子长得正好，就采了一些吃起来。他觉得一辈子从没吃过那么好吃的梅子，找到一个三角形树丫休息，他想着：既然迟早都要死，不如在死前好好睡上一觉吧！于是，他在树上沉沉的睡去了。

睡醒之后，他发现黑白老鼠不见了，老虎、狮子也不见了。于是他顺着树枝，小心翼翼地攀上悬崖，终于脱离险境。原来就在他睡着的时候，饥饿的老虎按捺不住，终于大吼一声，跳下悬崖。黑白老鼠听到老虎的吼声，惊慌逃走了。跳下悬崖的老虎与崖下的狮子展开激烈的打斗，双双负伤逃走了。

很多时候我们面临困境，似乎无论做出什么选择，都会身处险境。越是无法摆脱险境，越是六神无主、惊慌失措。在这些时候，最好的办法就是保持平和的心态，做最坏的打算，进行正面的思考。即使无法脱离困境，也要享受生活的美好。就像故事中这个幸运的人一样，既然他已经知道了最坏的情景是死亡，那最好的出路，就是安然地享受树上甜美的果子，然后安心地睡觉。好好地享受你在世上的每一分每一秒，笑对困境，也许这份泰然能帮助你顺利渡过难关。

现实生活当中的有些人，他们可能有着比常人更不幸的遭遇，但他们并不因此而悲观失望，而是以乐观的人生态度和积极的行动微笑着面对这个世界。享受生活中的点点滴滴。何军权的人生故事就是这样一个典型的例子。

超越死亡

何军权用微笑感动世界

何军权的人生充满传奇。他3岁遭电击失去双臂，后来却因为偶然机缘和不懈努力，成为水中蛟龙。雅典残奥会上，他一举夺得4枚金牌，打破3项世界纪录。在刚刚结束的北京残奥会上，年届而立、深受伤病困扰的他再次用奖牌捍卫尊严。他赢得了"全国五一劳动奖章""中国青年五四杰出贡献奖章""劳伦斯奖最佳残疾人运动员奖"等殊荣，也赢得了一份属于自己的爱情，甚至连一些巨星也成为他的"粉丝"。他说："这么多年来我经历了很多。我想，不管遇到什么事情，一定要开心。只要自己保持微笑，就会用微笑感染其他人，感动世界。"

1978年，何军权出生在湖北省荆门市郊一户农家，五间土坯房和十几亩水田就是全部家当。他排行老三，父母对这个小儿子疼爱有加。与所有残疾人一样，何军权的故事也有个黑色的开头。1981年，3岁的他触到了村里的变压器……醒来时，父亲何华明站在身边。麻醉药的药效还没有过，他的双臂甚至一部分肩胛骨都被截掉了。"爸，我的手呢？""你被电打到，烧坏了。""那我以后怎么上学读书呢？"何华明无言以对。

失去双臂的何军权开始变得敏感。出院后，都是父母喂他吃饭，何华明偶然提起一句："都是你不听话才把手烧坏的。"听到这句话，他再也不要父母喂饭，每到吃饭时，就把头趴在桌子上叼盘子里的饭菜。上小学时，老师将他安排在教室的最后一排，用高凳低桌，

第二章 人生最宝贵的是生命

方便他用脚写字。"开始时用脚写的字都有拳头大，越练越小，现在小到我前一天写的字第二天都认不出来。"一些小孩嘲笑何军权是"短棒子"，他抬脚就踢，还曾把一个同学踢到堰塘里。"他们对军权是又敬又怕。"何华明说。

小学只上了4年半，学校拆迁。如果何军权到更远的地方上学就要住校，何华明担心儿子被人欺负，就让他辍学在家，帮着家里在堰塘里放鸭子。这是一段快乐时光，几个小伙伴整天在池塘中戏水，没有讥讽和嘲笑，他肆意在水中嬉闹。

随着年龄的增长，何军权也尝试过很多职业，开过杂货店、放牛、放羊。在父亲眼中，他的经历甚至有某种魔幻色彩：放牛时他用不了鞭子，骑着一头牛出门，只要一吆喝，所有的牛都乖乖跟着；放牛回来他命令牛进栏，第二天早晨，几头牛的位置都没有动。放羊的时候，羊都会自己回家……

闲暇时，何军权夹着渔竿到池塘边钓鱼。那时，他的脚已经很灵活，可以轻松地把蚯蚓做成鱼饵。有一天，一位残疾邻居约他办残疾证。他问："残疾证有什么用啊？""种地时有不少优惠政策，减免费用吧。"跟着邻居，何军权第一次找到残联，填表时有一栏"特长"，他想了想，写下"跑步、游泳、跳水"。因为这几个字，何军权的命运发生了转折。

1995年底，荆门市残疾人运动队备战省残疾人运动会，四处挑选运动员，何军权因为会游泳入选了。时间紧迫，没有训练场地，只能在荆门石化厂的大浴池中训练一下基本动作。何军权当时的队

超越死亡

友冯斌回忆："那个浴池5米左右，上午就接满凉水，下午的时候放热水供职工洗澡。"每天早晨，主教练袁先良带着队员跑步、压韧带，用接满水的脸盆练习换气，在浴池里纠正弟子们的划水动作。冯斌说："何军权没有手，我就托着他的头让他练腿部动作，浴池特别短，他经常一使劲游出去就撞到池壁。"

1996年初，在浴池里训练过十几天的何军权随队参加了湖北省残疾人锦标赛，赢得两枚金牌。袁先良发现，从未练习过入水动作的何军权有良好的水感，可以自然地将阻力减到最小，于是推荐他加入湖北省队。省队教练艾勇也看中了何军权，让他跟着自己到沙市游泳馆训练。

两个月之后，何军权100米仰泳的成绩就从1分50秒提高到1分20秒。他从不违拗教练，艾勇对爱徒也非常满意，"他不仅跟我这个姓艾的教练合作得好，就是跟一个姓'恨'的教练也照样合得来。"

1999年，何军权已经接连拿到全省和全国比赛的冠军，"每次比赛回来，没什么训练，我就接着在家放羊。"在成为残奥会冠军之前，这位全国冠军每次回到家，都把得到的几千元奖金交给父母，再赶着羊群出门。

2000年，入选国家集训队的何军权随队到云南的训练基地。赵敏是客房服务员，每天负责给运动员整理房间。两人本来没有什么交流，只是赵敏看到何军权不方便，就帮他晾晾毛巾和泳裤，何军权总是腼腆地说："谢谢！"赵敏也抿嘴一笑。

第二章　人生最宝贵的是生命

离开云南，何军权胆子反而大了起来，打电话找赵敏表白，结果被一口回绝。何军权却依然执著，不停打来电话，聊自己小时候的故事，聊自己的未来，"马上要开悉尼残奥会了，我要拿金牌回来。"那时何军权还没有手机，训练地点经常变动，有的地方没有电话，他就开始给赵敏写情书。当然，还是用脚写。

赵敏并没有看到悉尼残奥会的转播，何军权在悉尼也没法给她打电话，直到从同事的口中才得知何军权在悉尼残奥会上拿到一金一银一铜。何军权回到国内，马上就给赵敏打来电话。不久，赵敏答应了何军权的追求。

真正的阻力来自赵敏的家庭。2001年，何军权到了云南，赵敏的父母将家族中四十几个成员集合起来商量，所有人都反对两人的交往。"妈妈对我说，将来你们有了孩子，他都不能抱孩子一下……我的父母都很善良，他们对何军权解释说，湖北和云南离得太远了，我们希望能把孩子留在身边有个照应。"何军权却不放弃，只要有时间就坐火车从湖北赶到云南，连赵敏也不记得他到底去过几次，只记得"每次到我们家就抢着干活"，"最后连我姐姐也帮着说服我爸妈，'人又好，长得蛮帅，只要赵敏过得好就行'。"2003年，父母终于同意了女儿的婚事。

雅典奥运会前夕，他们的儿子典典出生了。

在游泳队里，何军权的外号叫"劳模"。他训练刻苦、听教练话是出名的，"从来不跟教练讨价还价。"在妻子赵敏心中，残奥会冠军、劳伦斯奖等众多光环下的丈夫在家中才是真正的"劳模"，"他

超越死亡

的脚比我的手还要灵巧些，家里的小电器，包括我的手表他都会修。"训练之余，何军权还会用脚上网聊QQ、写博客。

2005年，何军权应邀饰演电视剧《花开有声》中的男二号。他向剧组提出一个条件，拍戏之余必须有训练场地。剧组经过一番苦寻，终于找到一家对公众开放的游泳馆。每天上午8点，剧组就接他到游泳馆，在泳池中拉出两条专门的水线供他训练。他每天拍戏到凌晨，睡四五个小时就去训练，下午接着拍戏，没有中断过一天。

何军权说："我觉得能从事游泳不容易，比较珍惜。再说，一离开水超过24小时，整个身体对水的感觉都会变化，所以每天必须训练。"为了备战残奥会，在封闭训练期间，他每天要游将近10000米，消耗的体能相当于在陆地上跑30千米。"我没有手臂和肩膀，在同级别的比赛中仍然会吃亏。双腿离心脏的位置较远，每次完成动作后血液回流速度不如那些用手臂划水的运动员，因此更容易疲劳。而且，没有手，我的触壁距离就短一截，想要和别人同时到达终点就要领先半个身位。"触壁时，何军权只能用头撞计时板，"每次比赛之后头都是晕的。"

2004年雅典残奥会上，何军权一举夺得4枚金牌、打破3项世界纪录，成为最耀眼的明星。他的表现震撼了现场观战的刘德华，两人由此结下友情。刘德华说："我总是忘不了雅典残奥会那场比赛的场景。刚开始裁判和解说员并没有注意到他，但在最后冲刺的时候他们都吓呆了，忘了其他的运动员，解说员就一直在介绍何军权。因为他太不容易了，他没有了双臂，一定要比别人快很多才能取胜，

第二章　人生最宝贵的是生命

他总是得用头去冲撞泳池壁才能折返继续游。"

有趣的是，刘德华也是何军权最喜爱的明星。他说："刘德华不光戏演得好，歌唱得好，还积极参加公益活动，而且那么敬业、努力，绝对是我们这些运动员效仿的榜样。"

2008年9月8日，何军权在"水立方"迎来了自己北京残奥会的第一场决赛。看台上，刘德华也如约出现，为何军权加油助威。

北京残奥会上，何军权取得一金两银一铜的不俗战绩。他的笑容依然那么灿烂和真诚："没有双臂，理想就是我的翅膀，我真的从来都觉得只要努力，自己就能成为强者。"

何军权并没有因残疾而悲观丧气，正是他的乐观主义精神和坚强不屈的意志，让他克服了重重困难，取得了一个又一个的辉煌成就，赢得了事业、爱情和幸福的家庭。乐生就是一种乐观的人生态度，它是我们生活的催化剂，有了它，我们就拥有了幸福的根基。

第三章 "绝症"不能绝望

当代医学还无法治好的有生命危险的疾病称为绝症。运动神经元症（渐冻人症）、癌症、艾滋病、白血病、类风湿被世界卫生组织列为世界五大疑难杂症，目前无法治愈。当人们得知自己患了"绝症"时，该如何面对？这是一个很值得探讨的问题。对大多数人来说，患了绝症可能就意味着判了"死刑"，等待死亡。正是因为有这样一种情结和观念，导致许多患了"绝症"的病人和家属，心情开始变得极其糟糕，生活质量也急速下降。

得绝症的确很不幸，或许健康的人们无法真正地去体会那份痛苦，只能试着去理解，但是谁也没有办法去改变这一事实，我们唯一可以试着去做的首先是接受这一事实，然后要用有限的时间去做自己认为有意义有价值的事情，而不是用那点时间去思考自己多么的不幸。人生的价值是不能用时间长短来衡量的，眼睛不要盯在过去，也不要停留在现在，多想想自己能做些什么有价值有意义的事情，生命是一段历程，它不断地展现自己，我们要用自己的行动来诠释生命的价值和意义。这样的话，我们不管处于何种境况下都能呈现生命的价值和意义。人的生命是有限的，但人生价值的追求是无限的，用有限的生命去追求无限的价值，生命的意义也就变得丰

第三章 "绝症"不能绝望

满起来。我们先来欣赏下面这首诗歌:

一张熟悉的笑脸

一个熟睡的夜晚

拥有它们曾是那么简单

一杯温暖的咖啡

一份柔情的包围

就在昨天还是平常滋味

今天有人告诉我

生命剩下的颜色

将被黑夜一步步吞没

忽然间不知该如何

抗拒我意志的陷落

除了勇敢我别无选择

当明天来临的时候

人群中也许没有我

别让你们的泪水淹没我

蓝天不要走

夕阳多温柔

爱人不要走

握紧我的手

一杯温暖的咖啡

超越死亡

一份柔情的包围

就在昨天还是平常滋味

今天有人告诉我

生命剩下的颜色

将被黑夜一步步吞没

就让坚强陪伴我

成为我最好朋友

只有自己才能把自己拯救

当明天来临的时候

人群中也许没有我

别让你们的泪水淹没我

蓝天不要走

夕阳多温柔

爱人不要走

握紧我的手

这是电视剧《失乐园》里的主题歌，讲的是几个艾滋病人的故事，从歌词中我们可以体会到癌症患者生活的艰辛和感伤，但也能感受到他们对生活的乐观和勇气。实事求是，勇敢地面对现实，又不放弃生命，并充分展现自己有限生命的无限价值，这是我们每个人包括"绝症"患者需要并且能够做到的。对于现实生活中每个健康的人而言，"绝症"或许离我们很远，但也有可能就在我们身边，

第三章 "绝症"不能绝望

因此正确地认识这些疾病，了解他们的一些基本情况是非常必要的。通过认识这些疾病，使我们知道该怎样预防这些疾病，怎样及时发现这些疾病，如何勇敢地面对这些疾病。

由于"绝症"与死亡的关系密切，因而，在此我将对这些疾病做一些简单介绍，了解它们的发病机理，致病原因，预防方法，应对措施，并进一步探讨面对绝症的积极心态。

一、癌症

（一）癌症常识

癌症，也叫恶性肿瘤，与它相对的有良性肿瘤。肿瘤是指机体在各种致瘤因素作用下，局部组织的细胞异常增生而形成的局部肿块。良性肿瘤容易清除干净，一般不转移、不复发，对器官、组织只有挤压和阻塞作用。但恶性肿瘤却可以破坏组织、器官的结构和功能，引起坏死出血合并感染，患者最终可能由于器官功能衰竭而死亡。常见的癌症有血癌（白血病）、骨癌、淋巴癌（包括淋巴细胞瘤）、肠癌、肝癌、胃癌、盆腔癌（包括子宫癌、宫颈癌）、肺癌（包括纵隔癌）、脑癌、神经癌、乳腺癌、食道癌、肾癌等。

癌症病变的基本单位是癌细胞。人体细胞老化死亡后会有新生细胞取代它，以维持机体功能。可见，人体绝大部分细胞都可以增生，但这种增生是有限度的，而癌细胞的增生则是无止境的，这使患者体内的营养物质被大量消耗。同时，癌细胞还能释放出多种毒素，使人体产生一系列症状。如果发现和治疗不及时，它还可转移到全身各处生长繁殖，最后导致人体消瘦、无力、贫血、食欲不振、发热及脏器功能受损等。

人体几乎每个部位都可能遭受癌症侵害。本来，人体这个生物机器运行得天衣无缝，然而癌症改变了这种情形，它的任务就是破坏。如果继续下去，就将拖垮人体。但是，肿瘤不像病毒，不是体外入侵者，它的成分和正常组织一样，因此机体无法对它进行识别免疫。

引发癌变的主要原因还不是很清楚。癌症的发病是一个非常复杂的过程，涉及外部环境和生命个体众多因素。外部环境因素有物理因素、化学因素、生物因素以及生活方式和饮食习惯等。生命个体因素方面是指遗传物质或基因容易发生结构变异或表达异常。

细胞是构成人体的基本单位，它是由细胞膜、细胞质和细胞核所构成。在细胞核中有染色体，染色体上有决定细胞乃至机体特征的遗传物质，这就是位于染色体上的基因。基因是染色体核糖核酸（DNA）链的片段，每条染色体上有1000多个基因，每个细胞有4万个左右基因。正是这些基因才赋予人种与人种之间、个体与个体之间的特征及其千差万别。在众多的基因中有一种在常态下不活跃的特殊基因或基因族，一旦在人的生命过程中，遇到了外部环境的致癌因素，它们便不正常扰动起来，科学家将此过程称为"激活"，这样便使得原来安分守己的细胞变得疯狂起来，并且不休止地拼命增殖而成为癌细胞。这些非激活状态的特殊基因科学家们称之为原

第三章 "绝症"不能绝望

癌基因。只有当它们遇上了致癌因素，发生了改变，或过分与异常表达时才真正成为有害的癌基因。

在多种因素不同程度的综合作用下，人体内的某部分细胞的基因发生了结构和功能改变，形成了能够不受机体调控的自主增殖的癌细胞，这些癌细胞在增殖过程中将破坏或挤占周围正常组织，甚至扩散到机体的远处部位。这种不受控制的增生物就是恶性肿瘤，俗称为癌症。在某些情况下，人体可通过免疫系统抑制来消灭恶性肿瘤，但是当人体内防癌能力减弱或被抑制，癌细胞就会继续增殖下去，形成临床可见的癌症。

国内外医学界已经证实，人类80%~90%以上的癌症与外部环境因素相关，也就是人类生活环境中的物理、化学和生物因素与癌症的发生密切相关。环境的不良侵害会受到人体防护系统的缓冲或抵抗，其作用能被消除或减弱。当致癌因素过强或累积效应过大，而人体存在免疫功能不足或身体修复功能有缺欠情况下，就有可能发生癌症。

当前环境污染日趋加剧，人类的生活环境不断恶化，与致癌因素的接触越来越紧密。人体细胞的稳定性只能是相对的，人体细胞基因的改变是必然的和难以避免的，但这并不意味着癌症无法克服和人们对癌症无能为力。事实上，我们每个人体内都存在着数量不一的部分癌变细胞，但是只有极少的癌变细胞能够发展成癌症，大部分癌变细胞或被机体及时清除，或没有自主分裂能力而长期潜伏，不会危害人体健康。

超越死亡

癌症导致人的死亡原因主要有两方面：其一，癌细胞在形成的过程中，增殖的癌细胞需要消耗人体大量的营养物质，破坏了人体的免疫力、抵抗力。其二，由于病变发生的脏腑部位器官不同，病变发生在哪个脏腑或器官，就破坏哪个脏腑器官的本身功能。于是就出现了疼痛、下咽困难、呕吐、不思饮食、胀满、咳嗽、出血、积水、腹水、发烧、大小便失常、出汗、下坠感、骨坏死等症状，出现脏腑功能退化、紊乱失调的现象。癌症既破坏了人体本身的脏腑功能，又破坏了人体的免疫功能，使人体阴阳失去平衡，导致脏腑功能衰竭，从而致人死亡。

世界卫生组织（WHO）年度报告，2007年全世界新发生的恶性肿瘤病例约1130万，死亡790万人，占所有肿瘤死亡人数的13%，居各类死因首位。世界卫生组织国际肿瘤研究理事会预测到2020年全球肿瘤发病率将上升50%，每年约有新发生肿瘤病例1500万。

我国每年新增癌症患者近200万人，每年因癌症死亡约150万人，位居各类死因第一位。中国平均每5个死亡病例中，就有一人是肿瘤；每200个家庭中，就有一个家庭遭受肿瘤发生或死亡的打击。我国城市癌症发病状况与发达国家接近，肺癌、乳腺癌、结肠癌、直肠癌、前列腺癌发病率明显上升；农村仍以宫颈癌、胃癌、食管癌为主；目前，肺癌、胃癌和肝癌分别位于我国癌症发病率的前三位。

正是由于癌症的高发生率和高死亡率，使人们谈癌色变，应该说一定的紧张是合理的也是有益的，但过度的紧张和恐惧反而可能

第三章 "绝症"不能绝望

会给人们的生活带来更多的不便,所以怎样用一种正确的心态来面对癌症,是一个非常现实的问题。这种心态包括社会心态和个人心态,个人心态又包括病人自己的心态和病人家属的心态。

(二) 癌症的预防

对于整个社会而言,正确的认识癌症,了解癌症的诱发因素,认识癌症的发病机理及临床表现,从而尽可能早的发现癌症,尽早治疗,加强对癌症知识的宣传,这对于预防癌症和降低癌症死亡率是很有帮助的。实际上,90%以上的癌症只要能早发现、早诊断、早治疗,大多数可以治愈。我国癌症患者的5年存活率仅为25%,欧美发达国家为68%。我国80%以上的癌症患者被确诊时,其病情已发展到中晚期。要防癌治癌,最重要的是要让人们知道癌变引起的原因,癌症的早期症状等知识,从而通过改善生活习性,保护人类环境来降低患癌症的概率,通过及早发现来增强治愈的可能性。

科学研究表明,环境和生活习惯影响到80%的癌肿生成。现代医学认为,人体发生疾病,与生物、心理和社会环境有关;癌症的发生,也与生物因素、心理因素和社会环境因素有关。因此,我们要预防和医治癌症就要从以下三方面来考虑:

1. 心理因素对癌症产生的影响及其预防

精神、情绪是心理因素的具体表现。精神与情绪的好坏和癌症的发生发展有密切关系。这在古今医学中早有论述,早在两千年前,《内经》就提出了心理因素与身体疾病相关的概念,例如"喜怒不节则伤脏"，"怒伤肝、喜伤心、思伤脾、忧伤肺、恐伤肾"等。我国医学认为肿瘤是由于七情郁结、脾胃受伤等原因，以致气血凝滞的结果。我国元代医生朱丹溪认为乳岩（癌）是由于经常忧愁、郁闷、愤怒等情绪不好所引起。古希腊的盖伦医生曾注意到：忧郁的女子比乐观的女子更易得癌。19世纪的医生佩吉特说：在牵肠挂肚、忧虑失望的情绪之后，癌症往往会乘虚而入，这样的病例不计其数。

到20世纪50年代，一位名叫劳伦斯·莱香的美国心理学家对一组癌症病人作了调查研究，他发现了一个特点，癌症病人中大多数人从童年起便开始经历失去父母或亲属的悲伤。丧亲的遭遇使他们养成了缄默少说话的个性，成年后变得不爱交际，缺乏工作的热情和生活的理想，经常顾影自怜，郁郁寡欢。他们漫长的一生，经常沉溺在无望或孤独之中。德国的学者巴尔特鲁施博士调查了8000多位不同的癌症病人，也发现了大多数病人的癌症都发生在失望、孤独和其他懊丧这种严重的精神压力发生时期。斯蒂文·格里尔博士对160位被伦敦医院接纳的乳腺肿瘤病人作了观察，其中部分病人是癌症，部分病人则不是。博士发现，非乳腺癌病人中有60%能无拘无束地表达他们的情感，在乳腺癌病人中只有1/3能做到这一点，其余2/3都倾向于压抑他们的情感。在20世纪80年代，上海某医院调查200例胃癌病人，发现他们共同存在长期的情绪压抑和家庭不和睦。北京市有一组资料，用对比方法调查，发现癌症病人中既往有明显的不良心理刺激的高达76%，而一般病人中有明显不

第三章 "绝症"不能绝望

良心理刺激的只有32%。以上许多调查研究说明，不好的精神、情绪，不良的心理状态、社会刺激因素也是一种强烈的促癌剂。

一个人不健康应该包括两方面，一方面是身体上的病痛，另一方面是精神情绪上的、心理上的不健康，如长期的惊慌、恐惧、悲痛、愤怒、紧张、不满、忧虑、家庭不和睦等。有以上情况的人，他体内的免疫功能是下降的。免疫功能下降使人较容易生病，也较容易得癌。经研究现在已知道，长期的精神、情绪的不好，能引起内分泌的不平衡和淋巴系统的功能紊乱，这是造成免疫功能下降的原因，而免疫能力的好坏影响着癌症的发展。

那么从精神、情绪上如何防癌呢？正确做法是要保持乐观情绪，振作精神，善于自我安慰，自我解脱，工作有劳有逸，保持良好的同学、同事关系，良好的群体和家庭关系，避免急躁、暴怒或郁郁寡欢，这对预防癌症是非常有利的。

2. 环境因素对癌症的影响及其预防

诱发癌症的外部环境因素主要有：化学致癌因素，如过环芳烃、芳香胺类与氨基偶氮类染料、亚硝胺类、真菌毒素等化学物质具有致癌作用；物理性致癌因素，如电离辐射（X射线、亚原子微粒辐射和紫外线照射），长期接触X射线及镭、钴等放射性同位素可引起多种癌症；生物性致癌因素，如病毒和细菌可以引发多种癌症。因此改善我们的生活环境对于防癌具有积极意义。政府的一项调查显示，空气污染、水污染及大范围使用食物添加剂和杀虫剂导致癌症成为我国的头号杀手。中国医学科学院肿瘤研究所的健康专家陈智周说,"恶性肿瘤高发的主要原因是环境污染,空气和水污染正日益严重。""很多化工企业都建在河边以便排污。此外,过度使用化肥和杀虫剂也使地下水遭到污染。""被污染的水会直接影响土壤、庄稼和食物。"空气污染是引发肺癌的主要因素,因为有害颗粒一旦进入肺里就无法排出来。另外,用于房屋装修的原料及家具中所含的大量甲醛和甲醛化合物也会导致空气质量变差。农民在养猪、养家禽和种菜时用于催肥和催熟的添加剂也是一个重要的致癌因素。

近年来,关于"癌症村"的报道越来越频繁。新华社2006年6月的一则调查报道称,癌症高死亡率在一些污染严重的地区已成为事实。广东省韶关市翁源县的上坝村从1987年至2005年,在18年的时间里,这个有3000多人口的村子已经有250余人因癌症而丧生。饮用被矿水污染的井水,和进食重金属含量严重超标的大米蔬菜,是上坝村村民癌症高发的两种重要因素。上坝村附近大宝山矿的开发,使上坝村村民生存在一个重金属严重污染的环境中,毒素在人体内有一个逐渐积累的过程,长期生活在这样的环境中,毒素经年累月积蓄,20多年后就大规模的爆发。大宝山矿污染,是环境因素致癌的一个非常典型的个案。很多流行病学证据都已表明,癌症的分布规律与环境因素有关,其相关性很可能达到80%~90%,镉、砷和锰等重金属都已经被确认为致癌物质。

从1991年到2005年,河南省黄孟营村至少有114人死于癌症。黄孟营村位于河南省沈丘县,大约有2500多人口。由于郑州、开封、漯河、许昌、周口等地的工业污水和生活污水全都被排放到沙

第三章 "绝症"不能绝望

颍河,黑臭的劣5类河水流入黄孟营村,其干渠、坑塘的鱼虾逐渐绝迹,村民癌症的患病率明显偏高,癌症死亡也一年比一年多。14年间,村里死于癌症105人,占死亡总人数的51.5%,死亡年龄大多为50岁左右,最小的只有1岁。

位于河南省浚县的北老观嘴村,有1274人。该村位于卫河沿岸,卫河上游的造纸企业曾达到新乡市142家、焦作市60多家、滑县17家,绝大多数都是小企业,有的排放工业废水不达标,有的根本没有排污净化设备,其污水导致卫河严重污染。这些企业造成的污染负荷,占当地80%以上。流经北老观嘴村的卫河水黑中透红,表面漂浮着一层白沫,距离100米就能闻到一股怪味,还混合着腥臭,天热时整个村里都是腥臭味。村民家的井水浑浊不堪,还漂浮着黑、黄色颗粒,腥臭味扑鼻。10年间,有112人死于癌症,占全村死亡人数的90%。癌症死亡中,50岁以下者超过50%。

癌症高发村的出现提醒我们,保护好环境对预防癌症是多么的重要。保护环境需要我们每个人付出努力,青少年应当从小就树立环保意识。

3. 社会生活方式对癌症的影响及其预防

调查数据显示,大多数的癌症的病因就在我们的日常生活行为当中,因此有人提出了"生活方式癌"这样一个概念,它实际上就是在警示我们要注意生活方式,生活方式不当是诱发癌症的一个重要因素。

抽烟和癌症的关系绝对是很密切的,已有研究表明,抽烟的人

超越死亡

发生肺癌的可能性要比不抽烟的人高8~12倍。香烟里面的有害物质大概在600种以上，其中已经证实肯定有致癌作用的物质就有40种左右，抽烟不仅可能导致肺癌，还有可能影响到喉部、食管、膀胱等部位的癌症发生。青少年应当养成良好的生活习惯。

合理饮食，预防癌症。据专家介绍，1/3癌症的起因与饮食不当有关，不良生活习惯是造成很多癌症青睐年轻白领的重要原因。不良生活习惯是个慢性杀手，如果人们再不加以改变，将会为此付出沉痛代价。

现代社会工作节奏很快，许多年轻人忙于事业却亏待了身体，没空就随便吃点东西应付，有空的时候又暴饮暴食，这种不良的饮食习惯对身体的损害很大，再加上食物中包括亚硝酸盐在内的各种致癌化学物质的增加，更对癌症发生起到推波助澜的作用，目前我国癌症发病逐渐有年轻化的趋势。有关统计，我国癌症病人有160万左右，其中年轻人所占的比例实在不小。

有调查证实，水果和蔬菜的消耗量偏低，同肠癌发病率增高有密切关系。而多吃米饭、谷物和其他富含高纤维的食品，则可将罹患此类肿瘤的风险降低40%。大量摄入罐头、香肠等会提高患结肠癌的概率，而经常吃鱼则可保护人免受此类疾患的袭扰。经常食用高脂肪、高热量、高盐食物以及烟熏肉等都是导致胃癌的危险因素，而经常食用蔬菜、水果、高纤维食物，以及叶黄酸、维生素B_6、铁、锌含量高的食物可以降低胃癌的发病率。因此，调整饮食对于预防胃癌非常重要。

第三章 "绝症"不能绝望

另有研究发现,从膳食中摄入亚硝胺的量与食管癌发病率相关。调查发现,高发区居民食酸菜者较普遍,酸菜中亚硝酸盐和亚硝酸含量较多,还含有致癌化合物苯并芘和其他多环芳烃化合物。近几年,乳腺癌患病率明显增加与生活水平提高,饮食、营养结构变化息息相关。饮食不加节制、体重的超标也会增加乳腺癌的患病概率,特别是绝经期后,出现的肥胖患者,要戒得一时"口福"之痒,不要盲目补充营养品,应控制体重。因为人体内过多的脂肪能转化为类雌激素,刺激乳腺组织增生。此外,大量摄取脂肪,还会导致身体免疫机能降低,给癌症造成可乘之机。

合理的膳食和生活方式可以预防癌症。

合理安排饮食:中国抗癌协会秘书长张宗卫教授建议,选择植物性食物为主的膳食,包括各种蔬菜、水果、豆类以及粗加工的主食。在每天的饮食中以植物性食物作为主体,如:蔬菜、水果、谷类、豆类,这些食物可以帮助预防癌症,因为它们含有最基本的营养素和其他一些重要物质,这些物质可以帮助机体消除致癌物质。吃饭时,看一看你的饭菜,应考虑平衡你吃的各种食物,应该让植物性食物占据饭菜的 2/3 以上。

多吃蔬菜水果:张宗卫教授说,吃大量蔬菜水果可以预防多种癌症,尤其是口腔癌、鼻咽癌、食管癌、肺癌、胃癌、结肠癌和直肠癌,以及肝癌、卵巢癌、子宫内膜癌、宫颈癌、前列腺癌、甲状腺癌和肾癌。

蔬菜和水果的保护性作用是由其中的维生素、矿物质、纤维和植物化学物质之间的相互作用而产生的。绿叶蔬菜、胡萝卜、土豆和柑橘类的水果预防作用最强。蔬菜、水果的多样性是关键,重要的是每天要吃5种或5种以上的蔬菜、水果,而且要常年坚持,这样才有持续预防癌症的作用。

限量饮酒:饮酒可增加人类得癌症的机会,尤其是口腔癌、咽喉癌、食道癌、肝癌、结肠癌、直肠癌和乳腺癌。如果饮酒再加上吸烟,两者协同作用,则患这些癌症的危险性更大。酒精不是机体必需的物质,因此不提倡饮酒,但考虑到适量饮酒可起到舒筋活血的作用,并可能对心血管系统疾病有预防作用,因此建议,如饮酒,则成年男性每人每天饮酒量不超过2杯,成年女性每人每天饮酒量不超过1杯。

少吃盐:高盐饮食会增加你患胃癌的危险。中国人普遍食用过量的盐,这对身体健康不利,减少盐的摄入量十分重要。因此,要限制腌制食物的摄入并控制烹调盐和调料盐的使用。正常情况下,每天只需0.5克钠(约相当1.3克盐),目前,仅北京市居民平均每天吃盐量竟高达16克,世界卫生组织建议每人每日食盐摄入量应在6克以下,大概相当于每天只吃一茶匙的盐。

拒绝烧焦食品:张宗卫教授告诉大家,不要让肉和鱼在烹调时烧焦,因为用明火烤食物会在食物表面产生致癌化合物。常吃烤肉和烤鱼会增加患胃癌的危险性。此外,炸、烤的鱼肉会增加患结肠癌、直肠癌的危险性。已经证明,在高温下烧焦的肉汁有致癌物质。烟熏类食物也存在类似问题,这是由于在木炭熏烤食物的过程中,

第三章 "绝症"不能绝望

食物中会产生亚硝酸盐,这种物质在胃里可转化成致癌物质。

多种方法将食物中的致癌物质减到最少,尽量减少熏、烤、炸肉的食用量。烹调中避免把食物烧焦,如果烧焦,食用前应去除烧焦部分。很多食物,包括家禽、鱼、蔬菜都可以煮、蒸。如果你喜欢吃烤肉,则可以尝试将肉用调料调好后,用铝箔包好后再烤,以避免食物直接接触明火,这样就可以既享受野餐又减少损害健康的危险。烹饪时,最好煮、蒸、炒食物,而不要烤、炸、熏食物。

专家们提醒,很多癌症早期都是没有什么症状的,如肝癌患者只会感觉有些乏力,胃癌患者也没有明显感觉,只有部分贲门癌患者会有轻微吞咽困难,但也经常被忽视,很多癌症患者有感觉时已经是晚期了。远离癌症威胁,预防是第一位。

4. 预防癌症要从青少年开始

说到恶性肿瘤,人们往往认为这是老年人疾病,和青少年无缘,其实不然。许多疾病的发生,究其根源,恰恰能在青少年阶段找到致病的原因,癌症也不例外。

我们之所以强调预防恶性肿瘤要从青少年做起,其中重要原因之一是恶性肿瘤疾病本身也容易在青少年中发生。5岁以下儿童死亡的三大原因是意外事故、细菌感染及肿瘤。青少年容易发生的肿瘤有肾胚胎瘤、神经母细胞瘤、白血病、淋巴瘤、软组织肉瘤、骨肉瘤等,甚至有精原细胞瘤及肝癌。

一般来说,恶性肿瘤的发病过程是长期缓慢的过程,是致癌物质长期不断刺激的结果,有的需要经历几年甚至几十年的积累成病的过程，而疾病一旦形成，治愈就相当困难，因此预防癌症应从青少年抓起。

科学研究证实，现代社会的诸多疾病如癌症，往往与不良的生活习惯、不健康的精神状态和不好的生活环境相关。例如吸烟与肺癌、咽喉癌、口腔癌、消化道肿瘤及膀胱癌有密切关系，而我国年轻的烟民，每年有增无减。有统计资料表明，吸烟人数多的国家，其肺癌发病率也高；吸烟早的人患肺癌的年龄已较过去提前了不少年；吸烟并且酗酒的人患癌症的比例数也会更高。因此，在青少年中提倡不吸烟、不酗酒对防癌是有益的。

良好的饮食习惯与合理的饮食结构对防癌也十分重要。高脂食物、缺乏纤维素的食物，是大肠癌与乳腺癌等肿瘤致病的因素。一些体重长年超标的胖子，可能是冠心病、心脑血管病及某些肿瘤的受害者。所以，从青少年起就应该讲究饮食当中营养的合理搭配，不挑食，不偏食；多吃绿色蔬菜、粗粮、豆类等，控制体重是有益而且必要的；对油煎食品、熏制食品应少吃；不吃霉变、腐烂或不新鲜的食物。

临床证明，精神的不良刺激的作用是缓慢而持久的，其对人机体的不良影响也是不能低估的。因此，培养良好的情绪和心态，树立正确的人生观和价值观，保持乐观向上的精神状态，都应从青少年时代做起。

（三）抗击癌症的岁月里

癌症患者在患病和康复期是一个特殊的社会群体，由于人们认

第三章 "绝症"不能绝望

识上的误区，患者一旦被确诊为癌症，就不得不接受一种被隔绝、被打上烙印以及自卑的折磨。但他们不应永远是一个特殊群体，让他们回归社会，尽可能和健康人一样的生活和工作，这是癌症康复的最终目标。因此帮助患者走出心理阴影，摆脱情绪困扰，勇敢地走上抗癌之路是当务之急。乐观心态有助于治疗及康复，癌症患者是一个特殊的群体，好的心情不啻于药物的治疗效果。20世纪90年代初，一位著名作家在一篇报告文学中使用了一个新名词——"抗癌明星"，从此这个新名词开始在社会上广泛流传。有人对这些明星作过调查，发现虽然每个明星所患癌症的种类、治疗方法不同，但他们都有一个共同之处，那就是都具有乐观、良好的心态。这说明对癌症的正确认识和良好心态是抗击癌症的关键因素。癌症患者患上癌症已经是一种不幸了，如果再让他们生活在恐惧、不安之中，那就是雪上加霜，不但会使病情更加恶化，而且会使得他们的人生更加了无生趣。因而，对于癌症患者及其家人来说，持有一种正确的心态就显得非常必要。

癌症患者及其家属都应当要对癌症有个客观的认识，需要调整心态去面对生活，即使生活有时很艰难，也要学会去勇敢地面对，这样才会让癌症患者活得更有意义。面对癌症，既不能掉以轻心，也不必谈癌色变。

中央电视台曾连续播放了几个抗癌明星的故事，他们得的都是比较晚期的癌症，却奇迹般的一直活了下来，多少次死神企图拉走他们，可他们凭着对生活的热爱、凭着一颗平常心，一次次战胜了

超越死亡

死亡的威胁，甚至取得了癌症自我康复的结果。中央二台朱轶主持的生活栏目《角怪奇缘》讲了这么一个真实的故事。

董明海是贵州电视台的一名记者，在2002年11月5日被确诊为鼻咽癌，住院5个月，因化疗变成秃头、脸青面黑，自感身体不行了，董明海异常难过，他对妻子说："我还有一个心愿未了，我一直想拍角怪，我不能死！"他毅然放弃了放疗、化疗，只身扛起摄像机，跑到大山里，去拍他魂牵梦绕的"角怪"——一种类似青蛙，嘴上长角的小动物。

从2003年到2005年三年的春天，董明海为了在梵净山寻找角怪的踪影，他停止了化疗，断绝与外界的一切联系。山里明媚的阳光、清新的空气让他心旷神怡，一个又一个春天过去了，虽然没见到角怪的踪影，但他在心中充满期待。2006年春天，他又来到梵净山，就在当年发现角怪的黑湾河谷一遍遍地搜寻，终于一个可爱的小东西跃入眼帘：小角怪。他终于找到角怪，并与其成为朋友，每天都充满惊喜和欢乐的进行拍摄，忘记了一切，包括自己是癌症患者这一事实。

几年后，奇迹发生了，癌瘤自己不见了，人变得能吃能睡，头发也重新长出来了，精力变得更加充沛，健康回来了。他的癌症是怎么好的呢？吃住条件都很艰苦，唯一的理由就是，他根本忘记了疾病的存在，全身心在做自己喜欢的事情，心情愉悦。

这个例子说明心态对于抵抗癌症的重要意义。有些人一听说自己患了癌症就万念俱灰，实际上是自动放弃了对癌症的抵抗。

第三章 "绝症"不能绝望

那么，癌症患者应当如何调整心态呢？那就是放下过去，把那些怨恨、忧愁、愤怒、抑郁、伤心统统放下，只要是已经发生过的事情，不论其性质，通通接受，只要发生的就是命里允许发生的，坦然承受，不要去产生矛盾心理，不要不接受现实，因为这些都是于事无补的心态，除了折磨自己的心灵，弄坏自己的身体，别无益处。

肿瘤患者最首要的任务是树立与疾病作斗争的信心。新的医学模式尤其强调病人的主动参与。在肿瘤患者康复治疗中，乐观的心态、科学的治疗、合理的膳食、适当的锻炼都很重要，而乐观的心态应该排在第一位。癌症病人应当具备怎样的心理素质呢？日本著名医学专家伊丹教授指出："惧怕死亡和疾病是非常健康的心理，没有这种害怕心理是不正常的。对惧怕的心理不要去管它，重点应放在追求有意义的生活上。"鼓励癌症病人，以建设性积极态度生活，从而达到治愈癌症及其他顽症之目的。

那么，怎样才能保持乐观的心态和良好的情绪呢？首先，要积极接受必要的心理治疗，尽早寻求心理医生的帮助。其次，要学会积极面对疾病，面对现实，充分挖掘自身潜力，做好自我心理调节。有意识地调整自己个性中的一些不良偏向，如性格过于内向等；经常进行自我心理减压与合理宣泄，包括向朋友和家人倾诉不快，还可做一些放松训练（如做深呼吸）。第三，多参加以科学抗癌为宗旨的康复乐园之类康复组织的集体活动，这是一种行之有效的集体心理康复治疗模式。第四，患病后，尽快转移大脑的兴奋点，切忌封闭自己，比如培养某种新的兴趣或爱好等。

超越死亡

癌症患者回归社会，做一些力所能及的工作并参与一些社会活动，不仅有利于身体康复，同时也有利于心理康复。上海市一个癌症康复小组曾发起参与社会公益劳动的倡议，他们率先将康复与奉献有机地联系起来，开展卫生公益活动。肿瘤患者这一特殊社会群体所做的特殊贡献，在社会上产生了良好的反响，也从一个侧面体现了肿瘤患者回归社会的价值。对工作问题，肿瘤患者应当本着"条件允许，适度而为"的原则，拿不准时可咨询主管医生的意见。因为适度工作可以成为一副良方，但如果处理不当，也会带来相反的结果。

大量事实证明：患了癌症之后，如果持一种乐观、积极向上的态度，主动参与治疗的大部分患者都可以在不同程度上得到康复，甚至可以出现奇迹。有些患者到了年关就容易多疑多虑多愁，往往会想"今年不知会怎么样呢？"其实，不妨换个思路，去年不是顺利过来了吗？此时，还可以采用包括心理、音乐、文艺、戏曲、体育等综合康复活动，以增加节日的欢乐气氛。很多患者勇敢地从"癌症"阴影中走了出来，用癌症患者们的话说："以前活得一直很累，所以才会得这种病。现在想明白了，不能再那样对待自己了，反正已经得病了，就应该怎么轻松高兴就怎么活着。"

面对生活，重要的是我们应该认识到生是一个过程而不是一个结果，如果你不会享受过程，生的结果都是一样的。你为自己生的过程填写太多的痛苦，你就包裹着痛苦离开世界；填写快乐，你就满载快乐走完人生。另外，要学会活在现在而不是过去或未来。如果为过去的事情后悔，你就会消沉，因为过去的已经过去；如果为

第三章 "绝症"不能绝望

未来的事情担心,你就会焦虑,因为未来的有些事情无法预知,我们就不必非要去预知它了。对生活正确的态度、活在现在的活法、拥有一颗开放的心、懂得生是一个自然的过程,所有这些应该可以换来我们阳光的心态。曾经有一个患者这样为癌症下定义:"被癌症轻轻地撞了一下,却由此激发出了我的灵感,灌注了生活的希望,使我更现实地拥抱现在,享受完美人生。我体验着每一秒钟的脆弱和每一瞬间的辉煌,在发现弱点的基础上建筑我的坚强。我已经真正认识了癌症,用一个词来比喻,那就是生活。"癌症也许会改变我们的生活,但是我们决不能被癌症击倒,而必须由我们来控制癌症。

患者病在身,家属痛在心。癌症患者家属的心态也很重要,癌症患者在存活期间,绝大部分日子是在家中度过的。不少癌症患者家属要面对癌症病人的医疗、护理等问题,其中最为严峻的是家属的心理承受力。上海长征医院在全市首创的癌症姑息治疗与康复社区支援中心,对闸北彭浦社区内的恶性肿瘤患者家属进行了调查研究,结果发现肿瘤同样也能造成家人的抑郁障碍。调查数据显示,当患者刚刚被确诊为癌症时,48%的家属有心理病态发生。患者家人很少暴露自己的忧虑,当有严重心理问题时,只有不到50%的人会寻求帮助。作为家属与患者朝夕相处,不但在精力上要付出很多,而且在经济上、感情上承受的压力很大。他们在与癌症病人的长期生活中,有可能出现以下心理不适现象:

悲伤与忧愁:亲属们面对癌症病人的痛苦和病情变化,应有充分的承受力,并设法自我调适心理,尽快从忧虑与悲戚中解脱出来。

作为亲属,只要在生活上给予病人无微不至的关怀与照顾,无论病人最终结局如何,自己良心便坦然无愧了。如果面对癌症病人,长期悲戚与忧愁,不但会有损自身健康,还会影响病人的情绪及治疗和康复效果。

恐惧:家中有人患了癌症,其所表现的症状,往往令亲属们望而生畏。有的人心理承受力差,心理失衡,从而疑虑重重。最常遇到的是,害怕被传染上癌症,或者怕癌症具有遗传,自己也会患上癌症,并为此四方求诊。到目前为止,现代科学对癌症是否具有传染性,尚无确切的依据与定论。在癌症的遗传方面,虽然已对某些家族癌有一些研究,但仍未明确所有癌症都具有遗传性。因为,引起癌症的因素是多方面的,如精神心理因素、免疫机能、不良生活习惯和生活环境污染因素等,所以,完全不必担心癌症遗传或被传染而忧心忡忡。在较长时期的紧张和恐惧中,可能会使自己的内分泌功能紊乱、免疫机能下降,对健康不利。

厌倦:长期服侍病人,特别是无救治希望的癌症病人,难免产生厌倦情绪,若加上因此影响工作而引致经济拮据,则会使一些家属发生严重的心理障碍,很有必要适当调节。

二、艾滋病

(一)艾滋病常识

艾滋病被称为"20世纪的瘟疫"。国际医学界至今尚无防治艾

第三章 "绝症"不能绝望

滋病的有效药物和疗法,因此也被称为"超级癌症"和"世纪杀手"。艾滋病于1981年在美国首次发现和确认,全名为"获得性免疫缺陷综合征",是英语缩写AIDS的音译,曾译为"爱滋病""爱死病"。它是人体感染了"人类免疫缺陷病毒"(HIV,又称艾滋病病毒)所导致的传染病。

人类天生具有免疫功能,当细菌、病毒等侵入人体时,在免疫功能正常运作下,就算生病了也能治愈。然而,艾滋病病毒(HIV)所攻击的正是人体免疫系统的中枢细胞——T4淋巴细胞,致使人体丧失抵抗能力。艾滋病病毒(HIV)是一种能攻击人体免疫系统的病毒。它把人体免疫系统中最重要的T4淋巴细胞作为攻击目标,大量破坏T4淋巴细胞。这种病毒终生传染,破坏人的免疫系统,使人体丧失抵抗各种疾病的能力。HIV本身并不会引发任何疾病,而是当免疫系统被HIV破坏后,人体由于失去抵抗能力而感染其他的疾病导致各种复合感染而死亡。艾滋病病毒在人体内的潜伏期平均为12年至13年,在发展成艾滋病病人以前,病人外表看上去正常,他们可以没有任何症状地生活和工作很多年。

艾滋病可透过直接接触黏膜组织的口腔、生殖器、肛门等或带有病毒的血液、精液、阴道分泌液、乳汁而传染,因此各种性行为、输血、共用针头、毒品的静脉注射都是已知的传染途径,而怀孕的母体亦可借由胎盘或胎儿出生后的哺育动作传染给新生儿。

根据联合国艾滋病规划署和世界卫生组织统计,自1981年6月5日首度证实以来,艾滋病已夺取超过2500万人的性命,使它成为

超越死亡

史上最具破坏力的流行病之一，截至 2005 年底，世界上约有 3860 万人正受到艾滋病的侵扰，仅该年便造成约 300 万人死亡，当中约 57 万是儿童，1/3 的死亡案例发生在非洲撒哈拉以南。根据统计，每天有 1800 名新生儿一出生就感染上艾滋病毒，45% 的感染儿童在 2 岁之前死亡。尽管目前研制的药物能够抑制病毒的活性、减缓病程发展，间接减少感染后的死亡率和致病率。

艾滋病患者所遭遇严重的病理呈现，主要源自于人类免疫缺乏病毒的感染。此病毒属于一种反转录病毒，主要针对人类免疫系统重要的组成进行感染并改变其运作模式，包括辅助型 T 细胞、巨噬细胞和树突细胞等，其中又以直接破坏细胞膜上具有 CD4 辨识蛋白特征的 T 细胞（简写作 CD4 + T 细胞）的结果最为严重，因为 CD4 + T 细胞是人体免疫系统辨识外来物质过程中，不可或缺的元素之一，一旦 CD4 + T 细胞受到感染而不表现 CD4 辨识蛋白，或甚至造成此种细胞死亡，导致每微升血液中 CD4 + T 细胞数量低于 200 时，细胞免疫就几乎完全失去功能，进而导致平时不易感染健康人类的微生物得以大肆入侵，由于受 HIV 感染个体无法有效分辨敌我，最后导致严重的各种感染症，总称后天免疫缺乏综合征。

根据流行病学统计，在未使用抗反转录病毒药物治疗的情况下，自感染病毒至出现症状的潜伏过程的中位数约为 9 至 10 年，自正式出现后天免疫缺乏综合征起算，存活时间的中位数亦仅有 9.2 个月。然而，临床观察到的疾病进程速度受到许多因素影响，在个体之间有很大的变异，短则两周，长可达 20 年。这些因素甚至也包含了艾

第三章 "绝症"不能绝望

滋病毒所攻击的免疫系统总体状况,因此从感染开始到发病,甚至其变化程度,都一直受到感染者免疫力和病毒活动之间的互动所影响。举例而言,一般年长者免疫力较差,因此相对于年轻患者而言,病程发展迅速的风险较高;医疗的品质和同时存在的感染症(如结核)也会使得HIV感染者处于较为不利的状态。

艾滋病感染时,根据病情的发展过程,临床上分为三期:

艾滋病病毒感染:感染艾滋病病毒后没有任何临床症状,仅血液里检查出艾滋病病毒抗体呈阳性。多半没有任何症状可能长达十年以上。有些得了艾滋病毒的人,误以为自己没有吃药,也很健康,其实是不正确的。因为艾滋病毒有潜伏期,在这段时间内,病人体内有足够的T细胞,可以抵抗病毒。但当机体抵抗力下降或机体遭到疾病侵袭或创伤时,病人体内的T细胞却一直不断在减少。减少到一定程度,就会开始有疾病发生。

艾滋病相关综合征:病人出现腹股沟淋巴结以外的两处以上不明原因的淋巴结肿大持续3个月以上,并出现全身症状,如发热、疲劳、食欲不振、消瘦、体重减轻、夜间盗汗等,至少有以上两种症状和两项艾滋病实验室检查不正常,可以诊断为艾滋病相关综合征。一部分人停留在这种状态,而另一部分病人则发展为严重的艾滋病。

艾滋病阶段:突出表现为致病性感染,等到免疫力越来越差,CD4细胞可能少于200/毫升,病人开始出现卡波西氏肉瘤与伺机感染,就进入了后天免疫不全综合征,也就是艾滋病。其中包括原虫、真菌、病毒、细菌感染，恶性肿瘤的发生等，卡波西氏肉瘤、卡氏肺囊虫肺炎、鸟型结核菌、巨细胞病毒等皆为常见的表现症状，以及找不到原因的细胞免疫缺陷。

目前还没有一种有效的治疗方法可以治愈艾滋病，每年仍有大量的病患死于艾滋病，特别是在缺乏有效疗法和药物的不发达国家的患者。现在昂贵的艾滋病的治疗方法主要针对 HIV 病毒，目前仍未证实有任何方式有效，虽说鸡尾酒疗法的发明大大延缓了感染者的发病时间，也使感染者体内的病毒数可以降低至无法验出的状况，不过鸡尾酒疗法对有些感染者有强烈的副作用，医学界均认为艾滋病尚不能称之为可以治愈的疾病。此外，预防艾滋病的疫苗仍在研制中，但进展很慢。

中国大陆地区第一次发现艾滋病是在 1985 年 6 月，从一名阿根廷游客身上发现，最后这位病人在协和医院因并发症死亡。截至到 1989 年底，大陆地区已经发现艾滋病感染者 172 名，其中大部分是吸毒人士。当年在云南吸毒人群中发现艾滋病，标志着中国艾滋病开始流行。在中国大陆，艾滋病的主要传播途径是异性间的性行为和吸毒。采血（献血）和输血等很多医疗途径，如内镜检查、胃肠镜的检查消毒不利，手术医生的手套不更改等等原因也会导致艾滋病的传播。20 世纪 90 年代，河南省非法血站泛滥曾导致艾滋病广泛蔓延。近年来，中国大陆的艾滋病感染人数以每年 30% 的速度增长，已经进入了艾滋病感染的快速增长期。到 1999 年底，中国大陆所有省份都有艾滋病案例报告，说明艾滋病已经扩散到全国范围。同时

第三章 "绝症" 不能绝望

艾滋病感染人群也已经从高危人群开始扩散到社会各个阶层。其中在性工作者和男同性恋者间的传播速度也有增长的趋势。到1999年底，中国大陆地区估计有艾滋病感染者50万人。中国政府近年来也积极对公众进行艾滋病知识的宣传教育，包括向性工作者和同性恋者间进行安全性行为的教育。2006年1月25日，中国卫生部、联合国艾滋病规划署、世界卫生组织联合公布，至2005年底中国艾滋病感染者65万人，其中发病患者约7.5万人。

2007年11月29日，国务院防治艾滋病工作委员会办公室、卫生部、联合国艾滋病中国专题组联合举行《中国艾滋病防治联合评估报告（2007年）》专题新闻发布会，公布了中国2007艾滋病最新资料，截至2007年10月底，全国累计报告艾滋病病毒感染者和艾滋病病人223501例，其中艾滋病病人62838例，死亡报告22205人。截至2007年底，我国现存艾滋病病毒感染者和病人约70万，全人群感染率为0.05%，其中艾滋病病人8.5万，2007年新发艾滋病病毒感染者5万，因艾滋病死亡2万人，在5万新发感染者中，异性性传播占44.7%，男男性传播占12.2%，注射吸毒传播占42%，母婴传播占1.1%。

（二）预防艾滋病

艾滋病毒主要存在于艾滋病病人及病毒携带者的体液中。

1. 血液：一部分感染者是通过静脉吸毒、输血或使用血制品而获得的；而像针头、手术器械、口腔科器械等消毒不彻底或不消毒可造成医源性传播；日常理发、美容用具不消毒或与他人共用剃须刀、牙刷等也能引起感染。

2. 精液或阴道分泌物：性接触者越多，感染艾滋病的危险越大。

3. 乳汁：1/3感染了艾滋病病毒的妇女会通过妊娠、分娩和哺乳把艾滋病传染给婴幼儿。

以上几种体液中存有HIV数量较多；而尿液、汗、眼泪、口水中的HIV数量少，一般不足以造成传播。

艾滋病病毒感染者与艾滋病患者是有区别的。艾滋病病毒感染者是指感染了HIV但没有发病的人，他的外表或体内情况均与常人无异。约有一半的感染者会在10年后发展成艾滋病患者，约有50%不发展成为患者。如果受感染的是儿童，潜伏期会缩短，约40%在3年内便会转变为艾滋病患者。艾滋病患者是指已有症状出现的艾滋病病人。发病时会出现长期的淋巴结肿胀、发热、体重骤减、极度疲倦等"艾滋病相关综合征"。如果怀疑自己受到感染，应该进行一次艾滋病病毒抗体检测，不要单靠以上症状来确定是否感染。但我们必须注意艾滋病病毒感染者虽然没有发病，但它仍然是传染源。当人的肌体被艾滋病病毒感染后，有一段时期血清中不能测出艾滋病病毒抗体，呈现阴性反应。多数感染者要在感染后2个月左右，血中艾滋病病毒抗体才呈现阳性反应，长的可以到6个月才转阳。从艾滋病病毒感染到艾滋病病毒抗体转阳这段时间称为窗口期，在窗口期中照样会传染病毒。如果输入处于窗口期感染者的血液或是和他人共用一具注射器，与处于窗口期的感染者发生性接触等，都

第三章　"绝症"不能绝望

会有感染的危险。因此处于窗口期的感染者是隐匿而且最危险的艾滋病危险人群。在我国，艾滋病病毒抗体的检测是免费的，可以到省市级疾病预防控制中心和医疗机构进行艾滋病病毒抗体检测。如经过初筛实验阳性，并进行确诊实验也阳性，才可以诊断为 HIV 感染。

艾滋病感染的三个条件：

1. 皮肤或黏膜上有缺口。

2. 带有病毒的体液交换（足够的数量和浓度）。

3. 通过特定的传播途径。

艾滋病传播的三大途径：

1. 血液传播：卖血、做手术输入不合格的血液制品，注射吸毒者共用注射器等。

2. 性传播：不安全性交是最主要的传播途径。若有性病，感染概率会增加。

3. 母婴传播：若母亲是感染者，她生的孩子有 1/3 的概率会感染病毒。

针对不同传播途径，科学家们建议应当采取以下措施：

1. 安全性行为，预防艾滋病的性传播，洁身自爱，保持忠贞单一的性关系；发生危险性行为时正确使用避孕套；及时治疗性病。

2. 预防艾滋病的血液传播，不使用未经检测的血液及血液制品，如果输入了带有艾滋病病毒的血液，几乎无一幸免都会感染这种病毒。所以，保证输血和使用血液制品的安全是预防艾滋病病毒经血液传播的重要屏障。不吸毒，不与别人共用针具注射毒品，穿耳或身体穿刺、文身、针刺疗法或者任何需要侵入性的刺破皮肤的过程，都有一定的艾滋病病毒传播危险，需要非常谨慎。医护工作者遵循一定的安全措施，避免艾滋病在病人和工作人员间、病人之间的传播。在针刺后使用抗艾滋病药物进行消毒可以进一步减轻被感染的风险。

3. 母婴传播预防，艾滋病病毒可在怀孕、分娩或者孩子出生后的母乳喂养过程中传播，感染艾滋病病毒的妇女应避免怀孕，如怀孕应人工流产，孕、产妇在分娩前、后使用抗病毒药物，可降低母婴传播的概率。采用人工喂养，也可减少艾滋病病毒感染的危险性。

（三）关注艾滋病，关爱艾滋病人

虽然艾滋病教育在中国已逐步展开，但社会上普遍对艾滋病和感染者认识不足和带有歧视。由于艾滋病的传染性极强，特别是艾滋病感染途径主要是不洁的性行为和静脉注射吸毒，因此艾滋病患者往往备受道德谴责，这样的状况往往导致艾滋病毒携带者隐藏自己的病情，有的甚至自暴自弃，严重的会恶意报复社会，这对艾滋病的控制将造成极为不利的影响。因此，抗击艾滋病，控制艾滋病的蔓延不仅仅是艾滋病患者个人的事情，更是全社会共同的责任。艾滋病病毒的发现者，法国科学家蒙泰尼尔说："全世界的艾滋病研究者都在寻找治疗艾滋病的药物和预防疫苗。但人类如不改变自身的行为，我们的斗争终将失败！"他的话，值得每一个人特别是年轻

第三章 "绝症"不能绝望

人深思!

　　当今的世界还存在偏见和歧视,艾滋病病人常常面临多方面的困难和压力。在许多人的心目中,艾滋病是可怕的疾病。一旦发现自己感染艾滋病,往往感到痛苦和恐惧,有人甚至做出告别世界的抉择!因此,许多人拒绝艾滋病检测或隐瞒自己的病情,这为控制艾滋病流行带来了困难,为艾滋病继续传播创造了有利条件。

　　目前,艾滋病仍是全球上无法根治的一种"顽疾"。在世界各国,为抑制艾滋病,投入了巨大的人力、财力,众多医学专家绞尽了脑汁,20年过去了,直至今天仍无有效疫苗可以预防,更无有效药物可根治,临床医生束手无策,只能做对症治疗,无法挽救病人的生命。唯一的好办法,只有预防。必须把"防艾"知识交给群众,让广大群众拿起"防艾"武器,才能控制艾滋病的流行与蔓延。

　　请让我们共同关爱艾滋病的感染者和艾滋病患者,既是为了他们也是为了我们自己。对此,许多充满正义、富于爱心的仁人志士已经行动起来,他们宣传有关艾滋病的知识,关爱、同情并尽心尽力地帮助艾滋病患者,用自己的行动为防范艾滋病作出了表率。高耀洁、桂希恩等就是这样的模范人物。

　　2004年2月,高耀洁教授荣获中央电视台"感动中国2003年年度人物"称号,这也是她在国内获得的最高荣誉。颁奖会上,主持人白岩松宣读的颁奖词中说:"她以渊博的知识、理性的思考驱散人们的偏见和恐惧,她以母亲的慈爱、无私的热情温暖着弱者的无助和冰冷。她尽自己最大的力量推动人类防治艾滋病这项繁重的工程,她把生命中所有的能量化为一缕缕阳光,希望能照进艾滋病患者的心间,照亮他们的未来。"

目前,中国的艾滋病主要流行于农村。根据卫生部公布的最新统计数据,在中国近100万艾滋病病毒感染者中,近80%在农村。高耀洁作为一名退休医生,在艾滋病疫情面前拒绝保持沉默。自1996年投身防艾事业以来,她走访了100多个村庄,访问了1000多位艾滋病感染者和患者,编辑发行了近百万份预防艾滋病的宣传材料,救助了大批艾滋病患者及其家属,不愧为中国最著名的农村预防艾滋病宣传活动家,被海内外媒体誉为"中国民间防艾第一人"。

高耀洁出版过《艾滋病与性病防治》(河南科学技术出版社,2002年)、《鲜为人知的故事——艾滋病、性病防治大众读本》(中原农民出版社,2003年)、《一万封信:我所见闻的艾滋病、性病患者生存现状》(中国社会科学出版社,2004年)及《中国艾滋病调查》(广西师范大学出版社,2005年)等著作,为宣传、普及预防艾滋病知识做出了重要贡献。

正确地认识艾滋病是我们控制艾滋病扩散的前提。了解艾滋病的传播方式,明白哪些情况易感染艾滋病,哪些情况下不可能感染艾滋病,这对于我们控制艾滋病是至关重要的。高耀洁教授认为:正是中国公众对艾滋病缺乏了解,导致了对艾滋病感染者和患者的歧视,而这种歧视的态度反过来又使受到指责的艾滋病感染者和患者仇恨社会,甚至会有意将疾病传染他人。随着艾滋病病毒蔓延趋

第三章　"绝症"不能绝望

势日益严重，我国必须尽快消除公众对艾滋病存在的偏见和认识误区。艾滋病并不可怕，可怕的是对艾滋病的无知！

高耀洁教授认为目前多数人对艾滋病持以下几种态度：

第一，误以为艾滋病离我们很遥远，唯有"道德缺陷者"才会害这种病；

第二，因缺乏艾滋病知识，对艾滋病感染者和患者抱有无限的恐慌与敌视，视其家属为"瘟神"，唯恐避之不及；

第三，不但不同情艾滋病患者，反而认为其有损地方形象，影响外商投资等等。

若不把艾滋病疫情的真实情况告知公众，公众就会对艾滋病缺少真正的了解，缺乏应有的宽容与理解，这只会使艾滋病患者隐匿自己的病情，甚至在偏见的刺激下，产生报复社会的心理或行动。近年在各地均已出现扎艾滋针，艾滋病患者盗窃、抓人、咬人、杀人等事件，长此下去，后果难以预料！

高耀洁教授强调艾滋病病毒感染者可以和健康人一起工作、学习、生活。日常生活接触不会感染艾滋病，完全可以放心地与艾滋病病毒感染者一起工作、学习、就餐、生活。感染者不会对他们周围的朋友和邻居构成威胁，不要惧怕或者躲避他们。自2000年春季以来，艾滋病感染者和患者多次到她家中做客、吃饭、求助。少则一两人，多则七八人，每年总计都会来百余人，使她了解到了许多艾滋病疫区的真实情况。尽管接触了这么多艾滋病患者，但她和她的家人没有一人被感染，说明日常生活接触不会传染艾滋病。

桂希恩的感人故事

超越死亡

桂希恩（1937年~），湖北武汉人，武汉大学医学部传染病学教授、武汉大学中南医院感染科医生，中国艾滋病防治专家指导组成员，中国艾滋病高发区的最早发现者。桂希恩教授，堪称中国防治艾滋病问题的标志性人物之一。他是我国第一个发现河南艾滋病村的人，在他的促进下，河南上蔡县文楼村成为全国第一个可以免费接受艾滋病治疗的村子。因其在艾滋病教育、预防、关怀等方面的卓越成就，成为贝利马丁基金会颁发的2003年度贝利马丁奖唯一得主，2004年度中央电视台十位"感动中国"人物之一。

1999年，在桂希恩所在医院里，有一个老家在河南省上蔡县文楼村的进修医生。这名医生发现村里很多青壮年得了一种怪病，发烧、拉肚子，怎么也治不好。1999年7月，迷惑不解的这名医生向桂希恩请教，希望桂教授帮助他把病因找清楚。桂希恩还没有想到这是艾滋病，他推测是传染病，因为他听说患病的人大部分是青壮年。几天后，桂第一次来到河南省上蔡县文楼村。看了几个得"怪病"的人，桂希恩大吃一惊：这些人的临床表现就非常像艾滋病，他们有发烧；有口腔溃疡；有口腔的真菌感染；还有很多人出现皮肤上的带状疱疹；有些人有长期的腹泻；有些人有淋巴结的肿大；这些都符合艾滋病的表现。这一次，他抽了5个人的血样带回武汉，结果发现2个艾滋病病毒携带者。几天后，他再次北上河南，这次抽了20个文楼村村民的血样，结果发现了10个艾滋病病毒阳性者，

第三章 "绝症"不能绝望

并从这些人中发现了儿童艾滋病病毒携带者。而且他还了解到，这些成人艾滋病病毒携带者都曾有卖血的历史。桂希恩向河南省有关部门反映并提出自己的建议：赶快对艾滋病病毒携带者及他们的家属进行控制；同时建立一个爱心医院，收留艾滋病人。

1999年10月31日，桂希恩带着他在文楼村的调查报告去了北京，报告直至当时中共中央政治局常委、国务院副总理李岚清手中。李岚清立即做了批示，随后中央艾滋病防治工作组到文楼村——使之成为全国第一个可以接受艾滋病免费治疗的村子。

1999年11月，桂希恩检查了上蔡县文楼村中155名卖血者，发现其中96人感染艾滋病病毒，感染率高达61.9%。桂希恩当时就向当地卫生局和北京有关部门作了汇报。随后桂希恩曾11次自费赴河南农村艾滋病高危区调查，并为上百名患者作血检，向他们传授科普知识。河南省当地政府以"破坏了上蔡县的形象，影响了上蔡县的经济发展"为由，宣布桂希恩为"不受欢迎的人"，强行阻拦他进村开展更多调查。为了尽早获得该村疫情更详细的第一手资料，他被迫秘密进入上蔡县，并在多位热心村民的帮助下悄悄深入文楼村调查。

2001年，他将5名艾滋病病毒感染者带到武汉大学中南医院做全面检查，却引发一些周围人群的恐慌。为了证明艾滋病不会通过普通接触传染，打消人群的顾虑，他将这5名患者带到家里同吃同住。这件事被媒体报道后，桂希恩广受赞誉，此后致力于艾滋病的预防工作。桂希恩认为，对艾滋病病人的歧视不可能通过制定政策来改变，他自己的这一行动正是要告诉人们，艾滋病人"并不像他们想象的那样可怕"。桂希恩向人们讲述艾滋病患者的种种悲剧，呼吁人们能宽容地对待、关心他们。他说，这5名艾滋病感染者住到他家里后，一起用餐，共用电话、桌椅和卫生间。他用自己的行动告诉人们，生活类的接触不会传染艾滋病！

爱心相向，人道相惜。所谓"人道"，就是能爱护人的生命、关怀人的幸福、尊重人的权利的一种道德。一个艾滋病患者，他不但需要得到检查、医治的权利和机会，其人格也应该得到尊重。桂希恩用自己的血肉之躯筑起一道防治艾滋病疫情的城墙。

第一个公开自己是艾滋病病毒携带者的女生朱力亚

朱力亚——目前中国艾滋病群体中，唯一有勇气公开自己病情的在校女大学生。她用自己的亲身经历写下了《艾滋女生日记》，并公开发表。《艾滋女生日记》记录了一个善良女孩从幸福的天堂跌入地狱，又从死神身边重返人间的悲喜历程。她在上大学后开始了一段异国恋情，由于疏忽大意，并且在一个细致的环节上失误了，她的男友竟是艾滋病患者，并一直把这个事情瞒着她，并在没有任何保护措施的情况下跟她发生了性关系，并最终导致她也感染了艾滋病毒。她的世界一下子黯然失色。所有的空间都颠倒了，她被重重的抛在路旁的坑里。别人都在向前走着、舞着、唱着，而她却浑身溅满了泥浆，心灵经受着死亡的宣判。

接踵而至的一系列非议、歧视使她真正了解到人们对艾滋病的

第三章 "绝症"不能绝望

恐慌和厌弃,也体会到了孤独和绝望的痛苦。面对社会歧视,欲哭无泪的朱力亚不想让父母在耻辱和悲痛中忍受女儿的不幸,万般无奈的她选择了"有家不能回的流浪生活"。就是这种流浪生活,又再一次的改变了她的命运。在河南,她亲眼目睹了被称为艾滋村的文楼村民们在极度的困苦中,顽强地与艾滋病魔抗争;看到了很多可怜的老人和失去儿女的父母,面对这些比自己更加不幸的人们,她的心灵被深深地震撼了。

为了警示当代的大学生朋友,警示社会,警示那些还漠视艾滋病的人们,她毅然决然地选择了在媒体公开自己的病情和身份,成为中国第一个敢于面对公众坦言自己艾滋病情的在校女大学生。

"我要做点什么?这个念头一直在我的心里闪着。我是由于当初的无知,不太了解艾滋病知识,不懂得自我保护,导致生命走向了尽头。我不能眼睁睁地看着更多的年轻生命重蹈覆辙。于是更加坚定了公开身份的想法,我深信:如果用公开我一条生命的悲哀,能够唤醒一个正在犯错或者即将犯错的年轻朋友,挽救一个年轻鲜活的健康生命,那么我公开身份是值得的。我不乞求别人的同情和怜悯,我只是希望健康的朋友能够走进感染者的内心世界,倾听他们微弱的声音,求生的声音,感受一下他们的痛苦和绝望;寻找自己内心的平衡点,珍惜自己的生命,珍惜健康的每一天。"

她决定把她的日记上传到网上,让更多健康的人看到,为的就是让他们了解一下艾滋病患者是如何在痛苦中煎熬的。让他们更加

超越死亡

热爱自己健康的生命。

现在歧视艾滋病患者的人很多,最关键的问题主要在于社会大众不完全了解艾滋病知识。据调查:完全不了解艾滋病的人和非常了解艾滋病及传播途径的人不会歧视艾滋病及病人。容易产生恐慌的是懂一点艾滋病知识,但不完全了解的人群。

许多人对艾滋病的恐慌不弱于恐怖分子炸世贸大楼,偏见已经在无形中形成定性。倘若想让大众对待艾滋病人保持一种科学平和的态度,像对待正常的感冒一样,那么还必须需要大量的宣传,社会大众从了解到接受还需要一个漫长的过程。

人一旦感染上了艾滋病,心理就会受到非常大的影响,许多感染者都特别悲观、绝望,此时最容易产生报复的心理。特别是那些长期被压抑、被歧视、遭受不公正待遇的感染者,很容易激起他们的仇恨。这是特别危险的一件事。

帮助别人就等于帮助自己,感染上艾滋病的人最需要的是社会的宽容,大众的理解。希望大家不要再歧视艾滋病患者,无论艾滋病感染者是经过什么途径被感染上的。

朱力亚意识到:"我现在要做的,不是怨天尤人,而是要用自己活生生的经历来唤起社会的警觉。我知道伴随着媒体报道的深入,终有一天,我很可能众叛亲离,孤独一生,我的家人也会因此蒙羞。但此刻我考虑最多的,还是希望和我一样年轻的大学生或社会青年能引以为戒,不要重演我的历史,让尽可能少的人来承担这份无辜的痛苦和遗憾。"

第三章　"绝症" 不能绝望

这是一段不幸的经历，但让朱力亚欣慰的是，在最后的日子里，她学会了怎样去承受痛苦，善待生活；怎样在绝境中寻找希望，找回自己存在的价值；怎样学会放弃悲伤绝望的自我，做一些对社会、对自己有意义的事。

花开花落，每种花都有自己的花期，无论你对它给予多大的希望，它也会枯萎，也会凋谢。生命不也是如此吗？不管花期长短，我们能做花丛中最艳的那枝就足够了。用单纯的眼光看世界，用真诚的心态和任何人交流，用积极、乐观的态度对待生活。

病魔并不可怕，可怕的是你没有健康的心态，没有面对生活的勇气。我们可以容忍因为无知而犯下的错误，但不能把无知当作继续错下去的理由。

朱力亚说："我醒悟了：长期的沉沦、消极只能变为艾滋病毒的奴隶。我不能这样，懦弱者的屠宰场不是我命运的归宿。痛苦过，绝望过，擦干眼泪，重新上路。用自己惨痛的教训告知每一位正在犯错或者即将犯错的朋友，挽救每一个年轻、鲜活、充满希望的生命。"

由于社会大众的偏见，艾滋病携带者及艾滋病病人只能选择隐姓埋名，他们的权益没有人维护，他们的痛苦没有人愿意倾听。他们就在我们身边，他们就是我们的同事、朋友、亲人……他们的身份遍及几乎所有的职业。

她认识到："虽然我有着辛酸的过去，痛苦的现在，还有一个没有希望的未来，但我明白人间处处有温暖，这个世界还有值得我留

超越死亡

恋的地方，这个世界当中还有好多像我一样的人需要我帮助和鼓励，我还要尽力去体现我生命的价值，所以我会努力地活着，坚强地活下去。"

——朱力亚，《艾滋女生日记》

下面我们再来听一听一名艾滋病患者兼志愿者的心声：

让我告诉你

北京佑安医院爱心家园志愿者　北方

北京佑安医院爱心家园是一个为艾滋病感染者和艾滋病人提供关爱帮助的志愿者组织，我是志愿者中的一员，和其他志愿者有所不同的是，我就是一名艾滋病毒感染者。

看到这里，同学们是不是在想象我现在的样子？是不是把我和网络上看到的那些濒死的艾滋病人的照片联系起来了？是不是对我的命运产生了悲悯？如果是的话，我先谢谢同学们善良的关爱。

我现在的身体状况很好，从外观上即使是艾滋病医学专家也看不出我是一名感染者，因为我既不发烧也不腹泻，也没有消瘦和溃烂。我每三个月化验一次血液，进行检查。我身边有感染了20年至今仍高质量生活的病友，大家熟悉的著名篮球运动员约翰逊和跳水运动员洛加尼斯也依然健在。在这里我可以负责任地告诉大家："在现代医学条件下，艾滋病已经不再是绝症，是目前无法根治但是可以通过药物控制的慢性传染性疾病。"

但如果你认为这样就没有害怕的必要，那你就错了！因为艾滋

第三章 "绝症"不能绝望

病作为一种传染性的疾病目前还没有根治的方法。尽管国家对艾滋病人有四免一关怀的政策，提供免费的抗病毒药物，但是昂贵的检查费用和治疗费用以及药物产生的副作用还是一个问题。艾滋病对整个中华民族人口健康和种族繁衍的破坏以及社会财富的消耗都是严重的；对个人生活质量的影响也是不可小觑的。为此每一个有责任感的中国人都应该从预防做起，遏制艾滋。

目前我国的艾滋病毒携带者和病人大约有70万人，可是同学们却极少甚至根本就没见过感染者，这其中的原因我不说大家也知道。那就是社会对感染者的恐惧、歧视、冷漠，使感染者不敢公开自己的身份而隐蔽地生活在社会中。

因为"性"是艾滋病毒传播的一个主要途径，所以在世界上很多国家，艾滋病和道德挂起了钩。人们普遍认为，感染了艾滋病那多半是生活不检点或者和同性恋、性工作者有关，所以感染者所承受的精神压力是健康人所不能想象的。感染者不怕死！怕的是社会的歧视和冷漠。感染者需要的不是可怜和悲悯，需要的是理解和尊重。艾滋病感染者是病人而不是罪人，他们只承担不幸感染的责任。他们是中华民族大家庭中一员，是你们的兄弟姐妹！在这里我还想对同学们说的是，歧视感染者是错误的，但是过分的关注也是不明智的。从某种意义上说，过度的关注就是歧视。记得有这么一句外国格言："真正有教养的人不是别人打翻了盘子急忙去帮助收拾，而是自己不去看。"对感染者的态度是考验一个人的修养和素质的标尺，对感染者的包容和尊重反映的是一个国家的文明程度。

"艾滋病其实并不可怕,可怕的是社会的歧视和冷漠!比歧视和冷漠更可怕的是人的无知!"

三、渐冻人症

(一)渐冻人症的基本情况

"渐冻人症"是运动神经元疾病(简称M.N.D.)的一种,医学上称肌萎缩侧索硬化症(简称A.L.S.),因为特征性表现是肌肉逐渐萎缩和无力,身体如同被逐渐冻住一样,故俗称"渐冻人",又因美国著名棒球明星卢·格里克死于此病而称为葛雷克氏症。"渐冻人"的特征是脑和脊髓中的运动神经细胞(神经元)的进行性退化,由于运动神经元控制着使我们能够运动、说话、吞咽和呼吸的肌肉的活动,如果没有神经刺激它们,肌肉将逐渐萎缩退化,表现为肌肉逐渐无力以至瘫痪,以及说话、吞咽和呼吸功能减退,直至呼吸衰竭而死亡。由于感觉神经并未受到侵犯,它并不影响患者的智力、记忆或感觉。这种病的病情发展一般是迅速而无情的,从出现症状开始,平均寿命在2~5年之间。"渐冻人"被世界卫生组织列为五大绝症之一,与癌症、艾滋病齐名。

据中国医师协会项目办副主任黄敏介绍,全国"渐冻人"大约有10万~20万人。"渐冻人"患者多在40多岁发病,全身肌肉进行性萎缩、无力,导致吞咽和呼吸功能困难,通常在2~5年左右,

第三章 "绝症" 不能绝望

最终呼吸衰竭而死。目前尚无根治方法。利鲁唑是目前被公认唯一能延缓该病发展的药物。

"渐冻人"被称为清醒的"植物人"。头脑清楚、感觉正常而全身肌肉萎缩、无力,该病进程非常迅速。该病早期容易误诊:由于初期症状的不典型性和少见病,容易误诊为其他疾病,最终病人完全丧失生活自理能力。《时间简史》作者、著名物理学家霍金罹患此病后,由于发现及时、治疗条件一流,至今已顽强存活30余年,远远超过普通"渐冻人"2～5年的存活期。1997年,"渐冻人"协会国际联盟把每年6月21日定为全球"渐冻人日"。

(二) 渐冻人症患者的动人故事

故事一:

渐冻人丁铭写自传梳理人生

1976年,丁铭出生在上海一个普通的家庭。她3岁的那一年,去西郊公园春游时,从此整个人生改写。"那是我第一次看到真实的孔雀。它在我面前悠缓地张开绚丽的尾巴。"但是刹那间,丁铭眼前金星乱晃、身体剧烈颤抖。托儿所的阿姨以为她被孔雀吓到了,丁铭的父母却觉得她娇气。丁铭不敢多说,脑子里满是那只满屏锦绣的孔雀和身体麻木的恐惧,全然不知可怕的病魔已经向她伸出了双手。自从那次事件之后,丁铭总是无缘无故地摔倒。"好端端走在路上或静立时,'扑通'一下就栽倒了。"12岁时,丁铭在长海医院神

超越死亡

经科得到了确诊：进行性肌营养不良症。虽然父母为她多方求医，买了数不尽的药，却也无法阻止病魔的脚步。2001年，丁铭坐上了轮椅。

丁铭的生活经历着健康人无法想象的艰难。平时她要用尽全力伸直身体，将手肘努力地放到支撑物上，然后手掌一点点捏住杯子，再伸长脖子，把嘴唇凑到杯口才能喝到水；睡觉已经成为了一种痛苦，翻个身就要半小时，翻完后已经睡意全消；在父母还没有退休的那几年，丁铭一人在家，常常是父母回到家里就看到她倒在地上，浑身是伤……

"23岁的冬天，我曾经酝酿过一次未果的自杀。因为病情恶化，我的肉体和精神都到了崩溃的临界点。那天，我站在厨房，觉得自己如同人间弃物，不想再忍辱偷生。我打开煤气开关，任由绝望的气体将我包围。"丁铭的声音有点颤抖，"然而我突然看向窗外。走道边有一棵枯死的芭蕉，有一天我对父亲说，'爸爸，芭蕉树死了。'爸爸却说，'等到了春天它又会新生，所谓根焦叶烂心不死。'我陡然惊醒，难道我还不如一棵芭蕉?! 我拼尽全力关掉煤气、移开窗户，重新享受生命的味道。从此我知道，我要活下去，要在这个世界上留下我的声音！"

而正在丁铭变得沮丧自闭、对生活失去了勇气的时候，她接触到了网络。"我一开始只是想要找个发泄的通道，于是把自己的故事发到网上。没想到，居然得到了很多网友的关注和支持。一位编辑社的老师看到之后，立刻写信鼓励我把这些经历写成书。"从2004

第三章 "绝症"不能绝望

年9月到2005年6月,丁铭每天坚持坐在电脑前艰难地移动手指。"打字累到全身疼痛还不算什么,真正艰难的是要再次面对痛苦的回忆。"正是网友不断的支持,给了丁铭支持下去的动力,"我由单纯的控诉变成了对生命的期许和渴望。用文字梳理着自己的人生,仿佛重新活了一遍。我在写作中得到了重生!"每天不间断地写,丁铭居然在短短9个月之内写出了27万字的自传!在昨天的活动现场,当丁铭把签了名的书送到同样患有神经性肌肉疾病的市民手上时,他们珍惜地如同捧着自己重生的希望。

丁铭穿着淡绿色的针织短袖、白色的裤子,安静地坐在轮椅上,柔弱的脸庞无比恬静。2007年6月22日是第11个"全球渐冻人日",在四平社区举办的纪念仪式上,丁铭努力地用日渐不听使唤的双手捧住刚刚出版的自传《颤抖的音符》,红着眼眶用略为细微的声音读出其中的章节。由于从3岁开始就罹患被称为"五大绝症"之一的"进行性肌营养不良症",31岁的丁铭外表仿佛仍旧停留在少女时代,但她的身上却透露出一股力量,直指人心。

来源:《青年报》 黄缘缘 施培

丁铭的故事让我们体会到病痛无情但人间有爱,人是有意识且能自主支配自己行动的生灵,即便是身患重疾,我们仍能让生命绽放,活得精彩而富有价值。但不幸降临时,我们首先得接受然后就是做出正确的选择和行动,不抱怨,用积极的行动和乐观的心态让生命燃烧绽放。这就是一种超越死亡的精神。

超越死亡

故事二：

霍金——"充满传奇色彩的物理天才"和"令人折服的生活强者"

史蒂芬·威廉·霍金，1942年1月8日在英国牛津出生，曾先后毕业于牛津大学和剑桥大学，并获剑桥大学哲学博士学位。他在21岁时就不幸患上了会使肌肉萎缩的渐冻人症，演讲和问答只能通过语音合成器来完成。他是英国剑桥大学应用数学及理论物理学系教授，当代最重要的广义相对论和宇宙论家，是本世纪享有国际盛誉的伟人之一，被称为在世的最伟大的科学家，还被称为"宇宙之王"。1942年1月8日生于英国牛津的霍金刚好出生于伽利略逝世300周年纪念日之时。70年代他与彭罗斯一起证明了著名的奇性定理，为此他们共同获得了1988年的沃尔夫物理奖。他因此被誉为继爱因斯坦之后世界上最著名的科学思想家和最杰出的理论物理学家。他还证明了黑洞的面积定理，即随着时间的增加黑洞的面积不减。这很自然使人将黑洞的面积和热力学的熵联系在一起。1973年，他考虑黑洞附近的量子效应，发现黑洞会像黑体一样发出辐射，其辐射的温度和黑洞质量成反比，这样黑洞就会因为辐射而慢慢变小，而温度却越变越高，它以最后一刻的爆炸而告终。黑洞辐射的发现具有极其基本的意义，它将引力、量子力学和统计力学统一在一起。

1974年以后，他的研究转向量子引力论。虽然人们还没有得到

第三章 "绝症" 不能绝望

一个成功的理论,但它的一些特征已被发现。例如,空间—时间在普郎克尺度(10~33厘米)下不是平坦的,而是处于一种泡沫的状态。在量子引力中不存在纯态,因果性受到破坏,因此使不可知性从经典统计物理、量子统计物理提高到了量子引力的第三个层次。1980年以后,他的兴趣转向量子宇宙论。2004年7月,霍金修正了自己原来的"黑洞悖论"观点,信息应该守恒。他还证明了黑洞的面积定理。霍金的生平是非常富有传奇性的,在科学成就上,他是有史以来最杰出的科学家之一。在富有学术传统的剑桥大学,他担任的职务是剑桥大学有史以来最为崇高的教授职务,那是牛顿和狄拉克担任过的卢卡逊数学教授。他拥有几个荣誉学位,是英国皇家学会会员。

霍金因患"渐冻症"(肌肉萎缩性侧索硬化症、卢伽雷氏症),禁锢在一把轮椅上达40年之久,他却身残志不残,使之化为优势,克服了残废之患而成为国际物理界的超新星。他不能写,甚至口齿不清,但他超越了相对论、量子力学、大爆炸等理论而迈入创造宇宙的"几何之舞"。尽管他那么无助地坐在轮椅上,他的思想却出色地遨游到广袤的时空,解开了宇宙之谜。

霍金的魅力不仅在于他是一个充满传奇色彩的物理天才,也因为他是一个令人折服的生活强者。他不断求索的科学精神和勇敢顽强的人格力量深深地吸引了每一个知道他的人。他被誉为"在世的最伟大的科学家""另一个爱因斯坦""不折不扣的生活强者""敢于向命运挑战的人"。

超越死亡

霍金虽然身体的残疾日益严重,他却力图像普通人一样生活,完成自己所能做的任何事情。他甚至是活泼好动的——这听起来有些好笑,在他已经完全无法移动之后,他仍然坚持用唯一可以活动的手指驱动着轮椅在前往办公室的路上"横冲直撞";当他与查尔斯王子会晤时,他旋转自己的轮椅来炫耀,结果轧到查尔斯王子的脚趾,被查尔斯王子臭骂一通。

提起霍金,人们眼前就浮现出这位科学大师那永远深邃的目光和宁静的笑容。世人推崇霍金,不仅仅因为他是智慧的英雄,更因为他还是一位人生的斗士。有一次,在学术报告结束之际,一位年轻的女记者捷足跃上讲坛,面对这位已在轮椅上生活了三十余年的科学巨匠,深深景仰之余,又不无悲悯地问:"霍金先生,卢伽雷病已将你永远固定在轮椅上,你不认为命运让你失去太多了吗?"这个问题显然有些突兀和尖锐,报告厅内顿时鸦雀无声,一片静谧。但霍金的脸庞却依然充满恬静的微笑,他用还能活动的手指,艰难地叩击键盘,于是,随着合成器发出的标准伦敦音,宽大的投影屏上缓慢而醒目地显示出如下一段文字:我的手指还能活动;我的大脑还能思维;我有终生追求的理想,有我爱和爱我的亲人和朋友。对了,我还有一颗感恩的心……

对于霍金的故事,人们深受感动,并不是因为他曾经的苦难,而是他直面苦难时的坚毅、乐观和勇气。人生如花开花谢,潮起潮落,有得便有失,有苦也有乐。如果谁总自以为失去的太多,总受到这个意念的折磨,谁才是最不幸的。

第三章 "绝症"不能绝望

故事三：

瘫痪女子仅凭一根手指撰写《家庭护理手册》

张红，家住西安南郊。2006年4月她患上运动神经元病（ALS），不能说话。三年来，仅凭一根能动的手指"说话"，屋内移动靠丈夫扛着走，刷牙要让保姆帮助。可她却坚强乐观地生活着，坚持写博客并撰写了《ALS患者家庭护理手册》。

幼年时，张红跟随父母从北京来到陕西生活。参加工作后因她的出色表现，曾担任某研究所的副所长，而后又跻身国内一家知名IT企业的高管。正当风华正茂事业有成时，2006年4月的一次意外摔倒让她的人生轨迹彻底发生了改变。很快，她的一举一动都要借助家人的帮助。慢慢地，她口音不清，说话无力，没有人知道她要表达什么。

于是，张红的世界变了。除了孤独就是愤怒，她的哭泣撕心裂肺。那些日子是难挨的，她被愤怒包围着，唯一的宣泄除了痛哭还是痛哭。直到某一天，她哭得生不如死时，才意识到生命里不能没有坚强，她必须活下去。带着这种信念，直到有一天在电视上看到了同样患有这种疾病的德国人艾米的故事，才真正燃起了她的希望和不屈。艾米1岁时就患上了严重的肌肉萎缩症，但36年后他依然活着并仅靠一根能动的手指成为一名著名的动画师。从此，张红开始写博客，她凭一根能动的手指写下的第一句话就是"我想对你们说"，完成这行字后她哭了。

张红的生活也慢慢开始了新的一页。

每天醒来洗漱完毕后，保姆和丈夫一起将张红放置在电脑前的椅子上，最重要的事情就是如何将手指放在鼠标上适当的位置，我看着她微皱着眉头和丈夫之间用眼神交流着，不断调整那一根手指的位置，那天仅这个过程就用了十几分钟，这让每个在场的人都感受到了艰难。可以上网了，在网络上可以和病友交流，可以说自己想说的话，她边吃肌酸边敲字。每天中午爸爸妈妈就会来看张红，老两口都是带着爱怜的神情看着女儿一小口一小口地吃完饭才会离开。

现在的张红每天都需要戴几个小时的呼吸机来锻炼呼吸肌，她不再落泪，而是坚持每天写作，记录自己走过的路、写下自己的心情，还完成了一本厚厚的《ALS患者家庭护理手册》，总计已经写下了十多万字，可难以想象的是这些都是她通过屏幕键盘，仅凭一根勉强能微微活动的右手中指费力地按下鼠标而写成的。

最近张红又有了新的目标，一张残荷的照片使她产生了灵感，开始新的创作，她说这个计划将在十月份完成。可怕的"ALS"同样没有将张红摧垮，她正在创造着人间奇迹，并和家人、朋友一起用心血演绎着忠孝真爱的人间真情。

四、白血病

(一) 白血病是青少年恶性疾病之首

白血病是造血组织的恶性疾病，又称"血癌"。其特点是骨髓及

第三章 "绝症"不能绝望

其他造血组织中有大量白血病细胞无限制地增生，并进入外周血液，而正常血细胞的制造被明显抑制，该病居年轻人恶性疾病中的首位，病因至今仍不完全清楚，病毒可能是主要的致病因子，但还有许多因素如放射、化学毒物（苯等）或药物、遗传素质等可能是致病的辅因子。根据白血病细胞不成熟的程度和白血病的自然病程，分为急性和慢性两大类。

白血病是造血系统的恶性肿瘤，是我国最常见的恶性肿瘤之一。根据回顾调查，各地区白血病的发病率在各种肿瘤中占第六位。白血病是骨髓、脾、肝等造血器官中白血病细胞的恶性增生，可进入血循环、并浸润到全身各组织脏器中，临床可见有不同程度的贫血、出血、感染发热以及肝、脾、淋巴结肿大和骨骼疼痛。白血病患者中，男性多于女性。

其特征为白血病细胞在骨髓及其他造血组织中呈恶性、无限制地增生，浸润全身各组织和脏器，产生不同症状；周围血液血细胞有量和质的变化。每天骨髓能产生上百亿个新的血细胞，大多数为红细胞。而患有白血病的人体内产出的白细胞比实际需要的多，且多数的白细胞是不成熟的，为幼稚细胞，其存活期比正常情况下长。尽管这种白细胞数量很大，然而却不能像正常白细胞那样抗感染。体内这种白细胞的增多，会直接影响一些重要器官的功能，影响正常健康血细胞的产量。由于肿瘤细胞恶性增生，抑制红细胞和血小板止血的产生，甚至没有足够的正常白细胞抗感染，很容易受伤、出血、感染。

超越死亡

　　临床资料显示，在儿童恶性疾病中，白血病已占到85%，环境污染是罪魁祸首。20世纪七八十年代罕见的儿童白血病，到了21世纪，已发展成威胁儿童生命的一大杀手。环境污染是罪魁祸首。大量存在的造纸厂、化工厂，与日俱增的汽车数量，使人类赖以生存的空气、水源受到污染，成为白血病高发的直接诱因。国外一项调查显示，一个城市每增加10万辆汽车，白血病发病率就增加1/100000。大环境有问题，儿童居住的小环境同样不乐观。含有苯原料的快干漆等装修材料大量进入家庭，记者从黑龙江省血液疾病研讨年会上获悉，黑龙江省已成为全国白血病发病率最高的省份，10万人中就有7个人患上白血病，而我国其他省份白血病的发病率在4/100000到6/100000。空气污染和家庭装修污染是造成白血病患者增多的主要原因。东北漫长的冬季影响通风，如果在3个月内入住有装修污染的房子，极易对儿童造成危害。

　　不仅如此，化肥、农药等工业产品在农作物上的大量使用，造成了水果蔬菜类的二次污染。一些劣质儿童小食品，添加剂、防腐剂超标，经常食用会改变儿童血液成分或引起血液过敏及免疫功能低下。2003年，哈尔滨血研所收治的2000多名患过敏性紫癜儿童，80%发病与环境和饮食有关。

　　儿童白血病可预防。

　　首先是多带孩子到空气清新的公园、绿地做户外运动，增强儿童体质，提高免疫力。农村儿童则应避免直接接触农药、化肥等物品。

第三章 "绝症"不能绝望

其次，儿童偶发小病应在医生指导下科学用药。现在药品超市越来越多，处方药、非处方药随时随地都可买到，用药风险同时存在。例如一些止泻类药物含有磺胺等成分，易引起再生障碍性贫血；头痛感冒吃含有苯环类的抗生素，会对儿童血液有影响。因此，家长要把好儿童用药关，莫因小病酿大疾。

第三，要减少室内环境污染，保持儿童居室空气流通。家庭装修选择绿色环保材料，且在装修半年内避免儿童入住。

第四，日常远离微波辐射，尽量减少儿童与手机、电脑、电视等微波电器的接触时间，避免因儿童免疫力低下造成基因改变，从而诱发血液类疾病。

最后，要注意食品安全，禁止儿童食用防腐剂、添加剂超标的伪劣小食品。蔬菜水果中残存的农药，预防禽类发病的抗生素等，都可导致儿童白血病增多，因此，应选择绿色食品，防范餐桌二次污染。

（二）白血病患者的坚强生活

故事一：

李国成艰难创业征服白血病　身患绝症但从不绝望

李国成原来是南京的一名的哥，作为家中唯一的男孩，李国成结婚后一直与父母一起过着平静而幸福的生活。但是，几年前的一次体检打破了家中的宁静，他被查出患上了当时老百姓认为是"不治之症"的白血病，不仅要很多钱，还不一定能治好。望着当时自己出生才3个月的儿子，李国成毅然决定：不能就这样倒下去，为了这个家，我要创业，要治好自己的病。由于身体原因，李国成不能再开出租车了，他就东拼西凑了20多万买了辆大货车开始跑运输，当时的生意并不好做，中间还出了一次交通事故，不仅没有赚到钱，还赔了很多钱。但是李国成没有放弃，仍然是边治疗，边寻找出路，后来转做沙石生意，才逐步有了转机。从2000年查出白血病后到2005年春节前，李国成先后多次到大连、北京等地治疗，其中大连的保守治疗持续了三年多，随着病情越来越难以控制，又前往北京治疗，前后花掉了约60万费用，而他的病情却不断恶化，只有做造血干细胞移植才有希望最终挽救生命，而在北京移植费用至少要40万，后来在中国造血干细胞捐献者资料库的帮助下，李国成终于初步寻找到了可为他捐献造血干细胞的志愿者，便回到南京等候下一步的消息。

　　面对40多万的移植费用，面对不同医院医生对是否适合移植的不同看法，李国成回到南京打听到中大医院血液科就可以做造血干细胞移植，而且费用只要10多万元。2005年6月他住进中大医院，准备接受来自海南某部队特种兵捐献的造血干细胞移植，一个多月后顺利进行了移植手术，并且获得了成功，而医疗费用节省了一大半。

　　李国成在确诊患上了白血病时，没有被癌魔吓倒，绝症面前不绝望，在没有相关医疗保障的前提下，反而更加乐观、坚强，边创

第三章 "绝症"不能绝望

业边治病。用坚强的意志和乐观的心态面对白血病，不但延续着自己的生命，同时也为自己的家庭创造着快乐的气氛。

故事二：

北大绝症学生　绝望中守护希望

2002年《北京青年报》报道了正在筹建民间骨髓数据库的白血病患者、北大研究生刘正琛的感人事迹，"我可能只有5年的预期生命，但我不能把等待奇迹的出现作为未来5年的唯一希望，我愿以我的努力捐建一个人人都能受益的骨髓或造血干细胞数据库。"刘正琛这样对记者说。

1995年，刘正琛考入北京大学数学学院，继而又考入光华管理学院硕博连读。然而天有不测风云，2001年12月4日，刘正琛发现眼睛中心有一个斑点，后来被确诊为慢性粒细胞性白血病，医生估计他只有5年的生命。

要想挽救刘正琛的生命，目前唯一有效的方法是进行基因骨髓移植或造血干细胞移植，要进行这两种细胞移植都要找到与患者HLA（白细胞表面抗原）完全相同的供血者，但这是一件概率很小的事，无关人群中配对相符率仅为1/4000000，概率最高的是亲兄弟姐妹，为1/4。父亲和母亲最先进行了检测，结果都是不合格。弟弟成了能挽救刘正琛生命的最后一线希望。2002年1月15日，弟弟刘正超从上海赶回北京做检测，不幸的是，这1/4的概率没有发生，刘正琛和父母的希望都落空了。

刘正琛从自身的经历中感受到了捐建骨髓数据库的必要性，而弟弟与他配型的失败更坚定了他的决心。2002年1月，"阳光100"骨髓捐赠活动正式启动，两个月后，所有捐赠者的信息都放在网上以方便患者查询。2002年6月9日，北京大学阳光志愿者协会成立，启动了"阳光1000"计划。随后又启动了"阳光10000"，发动全社会为白血病患者提供骨髓配型，并为9名患者找到了合适的骨髓配型。作为一个非盈利的公益机构，"阳光志愿者"没有任何的经济来源。筹集资金和寻找愿意捐献骨髓的志愿者是他在开展这一工作的主要困难。许多人对捐献骨髓不太了解，认为会损害身体。虽然工作非常辛苦，但刘正琛从来没有放弃。

在这之后的6年中，在社会各界的支持下，阳光骨髓库从零开始，扩大到了2370份数据，帮助3位患者完成了拯救生命的造血干细胞移植，帮助90多位患者找到了高分辨匹配的骨髓。与此同时，"阳光"还开展了面向患者的咨询、医疗信息服务、心理支持、太极拳培训等服务项目，以及面向健康人的健康教育和健康促进项目。

2008年5月30日上午，中国大陆最大民间骨髓库——北京大学阳光志愿者协会的创建人刘正琛作为上海大众推荐的奥运火炬手，在黄山绩溪站第62棒顺利完成了圣火在徽山大道的传递。将火炬成功传递给下一棒火炬手后，刘正琛显得异常激动，他兴奋地告诉记者："这真是神圣的一刻！作为一名现在还需要药物控制的白血病患者，今天我能够以火炬手的身份来亲手举起奥运圣火、传递奥运圣

第三章 "绝症"不能绝望

火,我感到非常骄傲和自豪!在这个特殊的时候,我也希望和四川的受灾同胞们分享我面对困境的经验:"我们没有办法选择命运,但可以选择面对命运的态度。只要能坚强、乐观、积极、用爱与使命感面对厄运,就一定能走出绝境,并收获自己的成长。"

刘正琛在身患重疾后,没有沉迷于哀怨叹息之中,而是积极勇敢地面对病魔,想到的是自己还能为社会做些什么事情,他要用自己生命的最后时刻服务于社会,实现自己的人生价值。

随着科学技术不断发展,各种疾病治愈的概率会越来越高,但目前仍有很多疾病是不能彻底治愈的,当这样的疾病不幸降临在我们或者我们亲人的身上时,我们不要在叹息中消沉,也不要在恐惧中自我毁灭,而应该勇敢地面对,积极乐观地寻求生命的意义,用有限的生命,奉献社会,创造自己的最大价值。

超越死亡

第四章 珍爱生命 远离自杀

《广州日报》2008年12月1日报道了这样一个事件，2008年11月24日晚上，9岁的小海告诉父亲自己有点发烧不太舒服，想去看看医生。找父母要10元钱去看病抓药，然而家贫缺钱的父母相互推诿，为了谁去借钱发生激烈争吵。次日早上，这个孩子没有去上课，他在房间里用自己的红领巾在床梁上打了一个结，然后把下巴伸了进去……虽然已经获救，但直到昨日下午，这个自缢后昏迷了6天的孩子仍然没有苏醒过来……

9岁小孩只因无钱看病便萌生了自杀的念头，并实施了自杀的行为，虽然最终得救，但这件事却值得我们进行深刻的反思。据专家统计数字反映，目前自杀已经成为青少年死亡的第一位的原因。为什么会有这么多的青少年自杀，如何预防和避免青少年自杀，青少年在碰到问题和困难到底应该怎样应对，自杀难道是唯一的选择吗？没有比这更好的选择吗？

一、我国青少年自杀问题的严重性

自杀，就是人主动结束自己生命的行为。自杀是国际上重要的公共卫生问题，据世界卫生组织的统计数字，2000年全球约100万

第四章 珍爱生命 远离自杀

人自杀死亡，自杀未遂者则为此数字的 10 至 20 倍，这意味着平均每 40 秒就有一人自杀身亡、每 3 秒就有一人企图自杀。

中国是世界上自杀率最高的国家之一。据卫生部统计，我国的平均年自杀率为 23/100000，是国际平均自杀率（10/100000）的 2.3 倍。最近几年来，我国的自杀死亡人数每年都在 25 万以上，并且每年至少有 200 万人自杀未遂。自杀死亡占全部死亡人数的 3.6%，是位列第五的重要死亡原因（排在脑血管疾病、气管疾病、肝癌、肺炎之后）。

卫生部统计数据还显示：在我国，自杀是 15~34 岁年龄段人群的首位死亡原因；农村自杀率是城市的 3 倍，尤以农村年轻女性最高；农药是主要的自杀工具，58% 的自杀死亡者是服用农药而且难以成功抢救；有 1/3 的自杀死亡者没有精神疾病，其自杀多属于急性人际矛盾之后的一种冲动行为；每年有 13.5 万未成年人经历父亲或母亲死于自杀的伤痛。在这里特别需要引起我们注意的是，青少年人群和女性人群是自杀的主要群体。在 15~34 岁的青少年中，自杀列在全部死亡原因的第一位，占相应人群死亡总数的 18.9%。在这一年龄段，自杀是女性的首位死亡原因，是男性的第二位死亡原因（位于交通运输事故之后）。在农村女性青少年中，自杀几乎占此人口全部死亡总数的 1/3。据卫生部统计，2005 年在医院诊治的 14334 例自杀未遂者中，平均年龄 32.2 岁，其中，30% 的自杀死亡者和 60% 的自杀未遂者没有精神障碍，其自杀多属于急性人际矛盾之后的一种冲动行为。而国外自杀案例中的精神疾病患病率达 90%

以上。

　　中华自杀救援网2007年7月中旬联合南京心理危机干预救援中心组织26名志愿者，制定专题调查问卷，针对南京市民在日常生活中自杀态度进行了调查。此次调查涉及南京市10个区2000多人，共发放问卷2000份，有效回收1658份。调查数据显示：南京地区近几年平均每年自杀人数没有显著变化，但是民众对于自杀的理解认识更趋于理性化。而长期精神压力、应激事件、社会适应不良则是导致自杀的主要根源。结果显示，南京的自杀多源于压力，人群主要集中在青年人群中，并且女性比男性多。自杀人群集中在21～35岁。这与该年龄段承受的巨大压力有关。南京市心理危机干预救援中心张纯主任告诉记者，面对现实的种种压力，不同年龄、不同性别的人态度都不尽相同，这个年龄的人担负着主要的社会责任和家庭责任，是社会主力军，面临的压力也是最大的，这就必然要求他们要有良好的适应能力和较强的应对挫折能力。长期心理压力、当下应激事件是他们产生自杀念头的主要根源，而对现实的无能为力及由此带来的自卑失落感又是将他们推向自杀的最终导火索。

　　除了21～35岁这个年龄段的人自杀率比较高以外，南京市心理危机干预救援中心主任从职业角度分析指出，自杀高危人群中职业场所人士居首位，来自职业场所的压力已成为人们生活的主要压力源之一，必须提高适应社会的能力，才能从容应对。其次是学生，多因学习问题和适应问题。残疾人居第三位，健康问题也是自杀的主要影响因素之一。

第四章 珍爱生命 远离自杀

在自杀的方式中，药物自杀人群占的比例最高。南京市心理危机干预救援中心根据以往案例及统计数据研究显示：倾向于选择药物自杀的人占 39.1%，溺水占 1.3%，自缢占 2.5%，跳楼占 10.5%，割腕占 3.2%。而这种选择并不是没有根据，根据专家对几种常见自杀方式的研究发现，药物致死程度较低且较平静，因为过量服药后的异常反应可能造成自杀失败概率很高；自缢和跳楼致死程度很高；割腕致死程度较低。大部分自杀者出于更多考虑倾向于选择温和平静的方式；另一方面，也表达了对人性的善待，甚至不排除心存一份侥幸，是否还有被人挽救的最后一线希望。

自杀现象也有性别差异，在我国，女性自杀比例明显高于男性。问卷显示，当问及是否有过自杀念头时，受访者中有 35% 承认有过，与去年相比略有下降，其中女性高于男性近 4 个百分点。调查人群中 75.7% 的人认为感情受挫会导致自杀，其中女性更易受情感困扰。59.2% 的人认为，工作压力过大是自杀的原因；45.8% 的人认为家庭矛盾会导致自杀，男性更多地是受工作压力的影响。之所以出现这种性别比例差异，与性别特征和文化背景相关。中国是唯一一个女性自杀率高于男性的国家，这与中国传统文化影响有关。

调查还显示，很多自杀未遂者事后都表示实施自杀后有过后悔。南京一位 35 岁的女性，割腕，因被人及时发现自杀未遂，许久后不经意间流露出了这样的想法：也许我不会死，也许事情能有转机。南京市心理危机干预救援中心张纯主任表示，任何事物的产生都有最初的萌芽，"自杀"也是一个长期行为积累的结果。自杀是多方原因造成的一种极端行为表现,其中有外界因素,也有自身内在原因,外因包括长期现实压力、应激事件等。自杀者最常出现的情绪是抑郁,抑郁症患者自杀率较一般人高出30倍,如果不及时防治,其中15%的人将以自杀结束生命。内因主要是个人心理承受力、社会适应能力、性格特征、文化教育及思想观念等。所以专家表示,如果在别人出现情绪不好或者抑郁倾向的时候,周围的人或者社工能够及时的出现并给予关怀,有很多自杀事件就可以避免。所以导致自杀的根源涉及社会多方领域,这就要求社会各方协同配合。

2004年上海市儿科医院与上海教科院普教所进行的调查显示:在接受调查的2500多名中小学生中,有5.85%的孩子曾有过自杀计划,有24.39%的中小学生曾有"活着不如死了好"的想法。

北京大学儿童青少年卫生研究所于2006年5月17日公布的《中学生自杀现象调查分析报告》显示:中学生5个人中就有一个人曾经考虑过自杀,占样本总数的20.4%,而为自杀做过计划的占6.5%。调查数据显示,在过去12个月内,有20.4%的学生(男生为17.0%、女生为23.7%)曾经考虑过自杀;6.5%的学生(男生5.7%、女生7.4%)为自杀做过计划。据悉,该调查从2004年开始启动,涉及中国13个省的约1.5万名学生,其中女生数量略高于男生,平均年龄为16.3岁。

通过上面的这些调查统计数据说明,青少年自杀已经是我国的一个严重社会问题,特别需要引起注意的是很多自杀纯属冲动性自

第四章 珍爱生命 远离自杀

杀,通过互联网搜索,我们立刻可以查到一些关于青少年自杀的报道,引起他们自杀的缘由往往是一些很普通的事件。请看下面这些报道:

2001年11月20日,新疆石河子122团中学初三(3)班4名花季少女,在开完家长会的当天下午相约喝老鼠药自杀。其中两名因抢救无效死亡。据悉,11月10日,石河子122团中学公布了期中考试成绩,并排了名次。这4位女生名次排在年级的后面,由于害怕家长责骂,她们便商议一起服老鼠药自杀寻求解脱。

2001年11月初,呼和浩特市14岁初中生凯钦因为钢笔水甩在老师身上1次而不是老师说的4次,选择以自杀方式来挽回自己的尊严。

2001年10月25日,由于不忍父母负担过重,广州市一名14岁女孩留下遗书吞药自杀。

2001年6月、7月,长春、深圳16岁女中学生不堪中考压力服毒服药自杀,后深圳女孩被救。

2000年8月,因家境贫寒产生自卑心理的吉林省一名女生卧轨自杀。

2000年7月,因家长不让玩游戏机,广东省顺德市一名初三男生上吊自杀。

为什么会出现这么多的青少年自杀事件?怎样避免这一趋势的进一步严重化?对此,我们必须作出深刻的反思。青少年的这种冲动性自杀追究其根源,可能与青少年缺乏生命教育,没有真正理解生命的价值有很大的关系。在我国现有的教育体制中，存在着重知识教育，缺情感教育，特别是缺人生价值观教育的严重问题。如果我们能改变这一现状，在青少年的早期就开展生命教育，使他们明了生命的宝贵，这种冲动性自杀行为或许就可以大大减少。

二、为何这么多青少年主动选择死亡

自杀行为的发生往往是多种因素共同作用的结果。如果我们从动态的角度来分析自杀，自杀的发生一般都要经历以下几个阶段：第一阶段，自杀者受到了来自外在的压力或自身的疾患的困扰，如家庭纠纷、失恋、过重的学习包袱或工作压力、长期的身心疲惫、因自己的过错造成了他人或社会的重大损失、身患重疾等等；第二阶段，外在的创伤性事件或自身疾患引发了自身的强烈感受，表现为身体的极端痛苦或心灵的严重焦虑；第三阶段，外在的压力和身体的疾患给自己的身体或心理造成了极大的痛苦，为消除这种痛苦，不同的人会采取不一样的方法，大多数人采取的是积极的办法，通过合理的方式解决问题，减轻或消除痛苦和压力，但也有少数人采取极端消极的办法——用结束自己生命的方式来消除痛苦，从而产生了自杀行为。

从以上分析可以看出，自杀行为的发生既与外部因素有关，也与自身内部的因素有关。酿成自杀的外部诱发因素也可称为客观因素。客观因素包括精神障碍（主要是抑郁症）、社会因素（失望和

第四章 珍爱生命 远离自杀

失落感）、人格异常（冲动性与攻击性）和躯体疾病。酿成自杀的内部诱发因素又可称为主观因素，主要是指个人的人生价值观、认知模式与为人处世方式等。

具体到青少年群体，其自杀的原因也分为客观原因和主观因素两个方面。著名青少年心理研究专家、北京高校心理素质研究会副秘书长聂振伟副教授说，青少年自杀的原因主要在于他们所面对的社会压力比较大（外在客观因素），而他们在学校和家庭都缺乏必要的挫折教育和心理素质教育，这就造成了他们的心理素质不高，面对压力缺乏相应的应对能力（自身的主观因素）。他实际上就强调了诱发青少年自杀既有外在的因素，也有内在的因素，是内外因共同作用的结果。

现实生活中，导致青少年自杀的具体客观因素可能非常之多，北京市中学生自杀相关行为报告显示：学习压力过大、早恋等都可能导致中学生考虑以自杀来终结生命，单亲家庭或是重组家庭的孩子想自杀的概率基本上是非这种家庭孩子的两倍。下面我们谈谈以下几个方面：

1. 人际关系僵化

人际关系矛盾是引起青少年轻生的主要外部原因之一。如果一个人的人际关系比较紧张，不能与周围的人融洽相处，他就比较难于找到倾诉的对象，内心的种种不快、压抑就会积累起来，在某种环境下，遇到某种突发事件就会引起自杀。据2006年10月8日的《江南时报》报道：

2006年10月5日，盐城市龙冈镇初级中学初一（1）班的胡芸芸（化名）同学因不堪忍受同班同学邵梅（化名）的恐吓和辱骂，在该日早晨趁父亲上班之际，留下一纸遗书，喝下剧毒农药甲胺磷后身亡。芸芸今年14岁，据了解，芸芸出生后不久即被亲生父母遗弃，丢在军营玻璃厂，胡玉强发现了被冻得瑟瑟发抖的她，顿生怜爱之意，于是将小芸芸抱回家，悉心照料。由于胡玉强是单身汉，没有自己的孩子，看到小芸芸天真般的可爱，胡决定将其抚养成人。据芸芸的大伯胡玉才介绍，芸芸这孩子十分懂事，平时也很乖巧，从来不让父亲操心。记者看到遗书上孩子的稚嫩的笔迹留下了许多的遗憾与酸楚。"亲爱的父亲、大伯、四伯，对不起，我走了……因为邵梅的恐吓让我不敢上学……我被邵梅吓怕了，我害怕她才死的……我再也看不到父亲了，我再也看不到亲人了，我再也看不到老师了……我有一个请求：我死之后请你们带上我亲生父母，让我看看他们的脸。"

这个少女自杀的实例，就是由无法处理好同学的关系导致的。

2. 得不到家庭温暖

家庭不和是青少年产生自杀意念的重要客观因素，家庭的破裂极易诱发子女的冷淡、孤僻、悲观和失望的情绪，从而产生自杀意念。父母不和、吵架离婚，或是偏爱某一个孩子，都易使青少年产生自卑、愤恨心理。如果这时候再遇到挫折打击，无疑等于雪上加霜，最后产生厌世心理，引发自杀行为。

广州市东山区有一位12岁的男孩，右腿略有残疾，父母亲突然

第四章 珍爱生命 远离自杀

爆发出巨大矛盾吵着要离婚,男孩得知这个消息后很受打击,老是怀疑父母离异是因为自己,每天强迫自己不断地强化这个念头,精神崩溃到想自杀。后来他主动找到精神卫生研究所,医师对他进行了有效的情感干预,劝解他放开束缚,理解成年人的行为,男孩的情绪得以缓解。17岁的男孩小吴的父母离婚,他被判给了爸爸,没多久爸爸带回一个"阿姨"和"妹妹"。父亲觉得儿子快成年了,就不太过问他的生活,对他的态度简单又平淡。而母亲因为较少联系,也比较疏远。家庭破裂、缺乏关爱,造成了小吴消极厌世,他经常对同学说"没人需要我,我也不需要任何人"之类的话,常常发愣,特别孤僻。

小吴已经成为典型的自杀高危青少年,常有自杀的念头。

3. 意外的挫折和打击

失恋、考试失败、受坏人恫吓、丢失了重要财物、亲人突然去世等突然打击,都有可能使感情脆弱的青少年心灰意冷,悲观绝望。据新华网2006年7月19日报道:

盐城市射阳县实验小学的一名13岁女生夏宁,由于在参加当地一热点民办初中的择校考试中发挥失常,加上家里的经济困难,父母无力筹足近2万元的费用,一向好强、不服输的夏宁在写下遗书后,喝农药自杀身亡,毅然离开了和她一起生活了13年的父母和爷爷奶奶。

4. 学习压力过大

因学习压力过大而导致自杀可能是高中学生最常见的原因之一。

超越死亡

2009年3月11日《现代快报》报道，刚刚走过人生第16个年头的常州高一男孩刘小江（化名）匆匆忙忙地离开了父母、同学和老师——他从自己家中纵身跳下，结束了自己年轻的生命。2009年3月8日凌晨2点左右，家住常州某小区的江先生因朋友聚会，回家晚了点。当他刚刚走进自己所住的单元楼，突然听见不远处传来"砰"的一声巨响，江先生赶紧跑过去，借着小区内的路灯一看，地上躺着一个人，再仔细一看原来是一个孩子。见此，他赶紧拿出手机拨打急救电话并报警。120急救车赶到后，急救医生检查完后摇了摇头，宣告孩子已无法抢救。此时，刘小江父母紧紧抱着人事不省的孩子大声叫喊着，但孩子没有任何反应。据同学介绍，在班里刘小江人缘非常好，开朗活泼乐观。学习成绩也很好，而且很刻苦。他还特别喜欢侦探推理，生物人体科学推理方面的知识都很精通。刘小江（化名）的班主任单老师介绍说："这个孩子从高一开始自己就带着，学习成绩特别好，在班里一直任班干部，而且还和每个同学和老师都相处得很好。一位品学兼优的孩子为什么会突然自杀呢？从他的QQ空间里可以看到，主要是感觉学习太累了。"

2009年4月1日《东方今报》报道：3月17日晚上10点50分，晚自习下课后的20分钟，教室变得空空荡荡，小蓓从教学楼的二楼上到五楼，借助一把椅子跃身而下。脊椎粉碎，双腿致残，这个17岁的花季少女在3月26日晚被再次推进了手术室。小蓓是西峡一高0605班的学生，她所在的班级是应届理科实验班，实验班内都是成绩优秀的学生。小蓓的成绩排名不是太稳定，作为西峡一高

第四章 珍爱生命 远离自杀

的学生,她要面对的是没完没了的考试,几乎每天都有老师进行的单科考试,每周都有年级组织的文综、理综综合性考试,每月都有学校举行的月考,当然,作为高三学生,他们还要参加市里的模拟考试和每学期都有的例行考试。学生每一次的考试成绩,都要在教室内张榜公布。记者看到事发前该班两次月考排名表上,小蓓在第三次月考中排名第7位,总分577分,第四次月考总分506分,排名第47位。学习压力过大,成绩滑坡是导致小蓓自杀的直接诱发因素。

16岁男生月考失利服毒身亡。2009年3月19日晚,湘潭县16岁的高一学生服毒自杀,他离开这个世界仅仅是因为月考只得班上第5名。在他的日记中写到:这次月考我考得很不好,退到全班第5名,在全年级就更差了,老师和父母都批评了我,我知道他们是为我好,但我不明白大家为什么对分数看得这样重,感谢老师、同学和父母对我的关心和培养,但我学习得太累了,如果离开了这个世界,就不会有这么多烦恼吧!同学们不要学我,还是好好学习吧!

自杀的内部诱发因素主要指一个人的人生价值观、认知模式与为人处世方式等。人生价值观与认知模式决定了他对生命价值的看法。通过对自杀者,主要是对自杀未遂者和有自杀意念者的研究,发现自杀者在认知功能、情感、人际关系和应激方面存在一些共同的特征,分述如下:

1. 认知功能方面:许多学者对自杀者的思维和解决问题的方式进行了研究,发现:(1)自杀者一般认识范围比较狭窄,倾向于采取非此即彼和以偏概全的思维方式，以黑白、对错、好坏的简单二分方式来分析遇到的问题，看不到解决问题的多种途径，在挫折和困难面前不能对自己和周围环境作出客观的评价。（2）在分析问题时，自杀者倾向于固执和被动，将自己遇到的问题归因于命运、运气和客观环境。（3）面对困难时，要么缺乏解决问题的技巧，要么对自己解决问题的能力缺乏正确的估计，或者根本就不作任何的估计，其结果是经常选择了不适当的解决问题的方式。（4）自杀者倾向于缺乏耐心，不现实地期望在很短的时间内能获得成功，如果某一解决问题的方式没有取得直接的、即时的成功，很快就会将其抛弃，结果他们在解决问题方面很难取得真正的成功。更为重要的是，他们把自杀当作一种解决问题的手段，有研究表明，这一点与自杀意愿的强烈程度者之间存在着高度的相关性。（5）倾向于从阴暗面看问题，对人、对己、对社会均是如此。表现为对全社会、特别是对周围人群抱有深刻的敌意，从思想上、感情上把自己与社会隔离开来。觉得自己没有前途，看不到个人和社会在将来可能发生的改变。这种悲观的心理可导致抑郁情绪，进而产生自杀念头。（6）缺乏决断力，即犹豫不决，没有主见，同时行为又具有冲动性。

2. 情感方面：（1）自杀者通常有许多慢性的痛苦，焦虑、抑郁、愤怒、厌倦和内疚成为其情感的主要特征。（2）他们对自己的这些负性情绪感到厌恶，很难接受。（3）自杀者通常情绪不稳定，不成熟，表现出神经质倾向。（4）倾向于冲动性地试图排除情感，采取各种方法伤害自己，如酗酒、过量服药、捶胸顿足、用头撞墙、扯头发、暴饮暴食，甚至用锐器伤害手部、胸部和大腿等处的皮肤。

3. 人际关系方面：首先是社会交往有限，与周围直接的人际关系（家人、邻里、同事、朋友）常发生冲突，经常丧失已经建立的人际关系，同时害怕被别人拒绝。其次，缺乏社会支持，特别是从中能够获得同情和有效支持的那一种。最后，自杀者难以建立新的人际关系，新的社会环境使他们感到不适，导致社交性焦虑和逃避社交的行为。

4. 应激性事件出现的频率较高，特别是负性应激事件。生活对于许多自杀者来说无异于苦海，除了躯体疾病、经济困难等长期性事件外，日常生活中还有许多小的骚扰，使他们不得安宁。研究表明，自杀者在采取行动前的24小时内，小应激事件和人际关系损失的发生频率都非常高。

上面的研究成果告诉我们，自杀者本人的主观心理和处世方式也是导致他们自杀的重要原因，不同的人面对同样的问题会有不一样的解决方法。碰到问题时找不到正确的解决方法，是导致青少年自杀的内部因素。青少年自杀的自身因素主要有以下几个方面：

第一，意志力薄弱。当困难发生时，有些人具有较强的抑制力，能够咬紧牙关，挺过这一困难时期。而当他挺过了这一困难时期后，或许生活变得不再艰难，所以有较强抑制力的人，也就不会自杀。而那些意志力薄弱的人有可能就因为不能继续坚持，最终为了解除痛苦，而选择了自杀。现实生活中，每一个人都有可能会在某个时候碰到极其巨大的打击，造成难以忍受的创痛，但这种创痛往往都

超越死亡

不会发生很长时间，只要能够坚强一点，就可以抗过去。但有些人会把这些困难想得太巨大了，在这样一种夸大的想象力作用下，他们被困难吓住了，从而选择了自杀。2006年9月2日，《现代快报》报道了这样一个事实，澄江县第一中学的高中女生盛娜（化名），因为高考成绩不理想，眼看同班同学先后考上大学，内心承受不了巨大压力，8月22日晚在家中服毒自杀身亡。但就在盛娜死后的第二天，家里接到了西安一所大学寄来的录取通知书。

第二，不当的处事方式。碰到困难和问题，我们都想解决它，走出困境。有些人能找到正确的解决问题的方法，有些人则不愿主动去寻找解决问题的方法，或者找不到正确的解决问题方法，从而用一种最极端的解决问题的方法——自杀来解决。请看下面这则事例：

少年被老师批评后服毒自杀

《齐鲁晚报》泰安2009年5月11日讯　一名13岁的少年给同学抄作业还收钱，老师批评几句后自尊心受挫，当老师让其家长到学校时，他害怕父母对他感到失望，竟假装成父亲给老师打电话称没时间。当老师还是要求他父亲有时间去一趟时，他竟然服下百草枯自杀。

明明是北集坡镇洪沟中学的初一学生，2009年4月30日下午，班主任因为他把作业拿给其他同学抄，当着众多同学的面把他批评了一顿。明明觉得这很丢脸，很伤自尊心，当时流下了眼泪。"五一"假期结束后，班主任又提出让他的父亲打电话，为了

第四章 珍爱生命 远离自杀

不让父亲生气,5月4日明明就用父亲的手机,假装成父亲给老师打电话称没时间。因为老师还是要求他父亲有时间去一趟,打完电话后明明感到有些害怕,晚上,他走进存放农具的屋子,拿起一瓶农药喝了下去。

据明明的母亲介绍,明明从小到大学习成绩一直很好,很懂事,没让家长操很多心。邻居也反映明明从小就很懂事惹人爱,不仅村里的大人喜欢他,孩子也很佩服他,七八个孩子纷纷认他做哥哥,明明成为所有孩子学习的榜样。明明的班主任杨老师也反映,明明在班里算得上好学生,担任班里的纪律班长,受到所有任课老师的好评。但是最近几周,有学生家长向她反映,明明做完作业后,经常被班上的同学拿来抄,而且明明每次还收钱。

成绩优秀的13岁中学生为何会想到轻生?泰安市心理学会会长王荣超认为,这主要是"孩子的心理适应能力"问题,孩子很难适应不好的事情对他的影响,通俗地说,就是孩子的"抗挫折能力差"。这是孩子自身、家长和老师多方面的原因造成的。王荣超说,正是因为孩子从小到大一直很优秀,一直是家长、老师的骄傲,所以他对自己的期望一直很高,潜意识中会对自己有一种严格的要求,不允许自己有任何缺点和问题暴露出来,正是这种要强让他"压抑自己",久而久之就会产生轻度的"抑郁"。13岁的孩子正处于青春期,各方面尤其是自尊、心理等方面都格外敏感,一旦选择的方式不合适,就会激化潜在的问题。一直以来被老师看好的学生,受到批评,就会产生极大的心理落差,再加上孩子性格内向、不善于表达等原因，孩子的不良情绪就得不到及时的宣泄，很可能发生严重的后果。

第三，不当的人生价值观。在自杀的少年中，有很大一部分人是因为身体有残疾，或得了重病乃至不治之症，因而对生活失去了信心，觉得前途暗淡，看不到光明，不如一死了之。这个时候，一个人的价值观和人生观往往会决定他所采取的行动，有正确的人生价值观的人，他就能够勇敢地面对这些困难，乐观地对待这些伤痛。反之则容易产生轻生的念头。

目前对于自杀原因的分析，存在一些问题。第一，主要关注外部原因，因为外部原因比较直观容易寻找，内因是隐藏起来的，不易发现；第二，要么只关注外部诱发因素，要么只关注内部诱发因素，将二者对立起来，很少将两者结合到一起来进行分析。而我们要预防自杀，减少自杀行为，就要弄清自杀的所有影响因素。除了有严重的精神病患者之外的自杀行为，绝大多数都是内外因共同作用的结果。因此，预防自杀，就既要消除外部的诱因，又要消除内部诱因，强化个人自身处理各种压力和问题的能力。

三、如何做好自杀预防

自杀不仅导致自杀者本人生命的丧失，同时也给家庭和社会带来了巨大的损失，自杀造成的"后遗症"不容忽视，按照世界卫生组织的估计，一个人自杀平均会使6个家人和朋友的生活深受影响。据此测算，中国每年大约有150万人承受着因家人或亲友自杀死亡

第四章 珍爱生命 远离自杀

所带来的严重心理创伤,其中大约有 13.5 名小于 17 岁的孩子经历过父亲或母亲死于自杀的悲剧。专家认为,这种严重的心理影响会持续 10 余年,甚至会持续影响他们的后半生。还有一些抑郁症患者不仅自杀,而且还可能扩大自杀,即杀死家人或其他无辜者后再自杀。因而,预防自杀是非常必要的。那么自杀能否预防?该怎样预防呢?

要预防自杀,首先得明确导致自杀的原因,再想方设法消除这些诱因,这样才可能防止自杀行为的发生。前面已经分析了自杀是内外因共同作用的结果,要解决青少年自杀问题,一方面需要给青少年提供一个良好的外部社会环境;另一方面,则需要增强青少年的抗压能力和认知水平,提高青少年对生命价值的认识和对人生意义的真正理解。引发自杀的诱因在某些情况下、在某种程度上是可以控制的,这意味着,对于一个发现有自杀念头、自杀倾向、自杀计划的人,适当对其环境施加控制,可以有效降低自杀行为的发生。

社会外部环境的改善需要整个社会共同努力。而青少年自身内部的因素则可以通过教育、引导,提高他们对生命价值的认识,增强他们抗击挫折的能力,训练他们为人处世的方式方法。对于青少年自身而言,他们必须认识到在成长的过程中碰到这样那样的问题是很正常的,他们无法选择自己出生的家庭和社会环境,但他们在碰到困难和问题时可以作出多种选择,首先必须作出的正确选择就是承认现实,勇敢地面对困难,积极地寻求解决问题的办法。面对同样的困难,他们可以作出多样的选择,自杀是最坏的选择,是最不应该的选择，其实他们还有很多更好的选择可以作出。如果他们在面对困难时感到实在无能为力，可以寻求他人的帮助，例如主动地向家人、亲戚、朋友或社会寻求帮助。

（一）领悟生命价值，学会欣赏生命

当青少年遇到打击、挫折时，怎样进行抉择，这与他既往所接受的教育和人生经历有很大的关系，部分青少年可能最终选择终结生命作为一种解决方式。选择这种方式除了跟青少年心理脆弱有关外，还跟学校、家庭对青少年缺乏生命教育有一定的关联。由于缺乏这样的教育，青少年不懂得生命存在的价值和意义，当碰到困难时即以结束宝贵的生命作为解决问题的方式。日本著名思想家池田大作先生在《轻生的一代》一文中有这样的阐述："随着社会的进步，人类获得了长寿，但遗憾的是，对现代人来说，最重要的生命力却没有多大增长。自杀人数远远超过交通死亡者。在当代，与'生'的力量相比，削弱'生'的力量正以几倍、几十倍的速度在增长。"社会的进步应当伴随着生命力的增强，生命力的增强既包括生命适应环境能力的增强，也包括生命耐受挫折能力的增强，而这两者都与一个人的生命意识相关。

通过生命教育，认识生命、尊重生命、欣赏生命、爱惜生命，探索与认识生命的意义，尊重与珍惜生命的价值，热爱与发展每个人独特的生命，并将自己的生命融入社会大业之中，这是一种有关"人之为人"的意义、理想与实践的教育。每个人必须了解自己生命

第四章 珍爱生命 远离自杀

的存在价值，才能肯定自己，承受困难，超越自我，并真正享受生命。通过生命教育开启生命智慧，教会我们如何善待和开发仅有一次的生命。

如果我们仔细分析那些导致自杀的原因，大概没有哪一个是属于"不可抗拒"的，也没有怎样的严重到令人必须作出生死选择、严重到我们无法面对这个世界而一定要离它而去的地步。如果我们能够深刻地意识到：生命只有一次，即使输掉一切，但决不能输掉对生命的信念，那么我们肯定不会放弃生命，因为生命的所有价值和意义只有在生命存在的时候才是真实的。每个人都和一棵树一样，最可怕的不是外在的风暴，而是内在生命力的枯萎。所以，生命教育正是让每个人点燃内心的生命之火，每个人的生命仅有一次，不能错过。

采取自杀行为的青少年，特别是少年，他们采取自杀行为多存在这样几种心理：解脱心理——以为死可以摆脱一切烦恼和压力；要挟心理——想用自杀来发泄不满，补偿失去的自尊心或吓唬别人，从而得到别人的重视和注意；抗议心理——想以死来与自己不喜欢的事物抗争。这也就是说，他们自杀，可能不是真的希望死去，而是想用这种方法来达到其他目的，这些目的其实可以用别的途径实现的。由于他们对生命价值的漠视，所以想用自杀来达到这些根本不必去死就能实现的目的。

广东省精神卫生研究所刘珍妮副主任医师曾接诊过一个心急如焚的母亲，读初一的女儿被父母安排去了一所全封闭式的寄宿学校，内心始终非常抗拒，当时正值张国荣跳楼自杀事件刚发生之时，女儿就寻死觅活地要"跳楼，不想活了"。家里人怎么哄都听不进去，无奈之下家长只得找心理专家求救。刘医师分析，这名少女的"自杀"念头暂时只能称作心理焦虑，更大程度上是一种要挟形式，以达到转学的目的。家长遇到这种情况要把握进行挫折教育的机会，选择适合孩子的沟通方式，打消其轻生念头。

部分过分无理取闹甚至性格偏于常规的青少年，有可能会把这类表演型的"准自杀行为"发展成真正的自杀行为。一位14岁的少年，与父母发生冲突后一怒之下买了一瓶安眠药，药买回来以后犹豫了半个小时，但发现没有人关注他的情绪，陡然产生"我偏要死给你们看"的念头。打开药瓶后，慢慢地考虑到底该吃多少，整个过程家人都没有留意，他最后服了30片药之后才被家人发现紧急送往医院洗胃。少年身体转好后被家长带到精神卫生研究所，他向医生倾吐了全过程。医生认为这类少年并没有真正的死亡企图，而只是将"自杀"当作对别人报复的手段，这类人多以自我为中心，从小受到过分宠爱，受不了被忽略，其中女孩比例更高。

我国著名学者郑晓江教授对生死观问题有着深刻的认识，他认为，"既往主流的看法以为自杀最主要的原因是精神及心理上的不正常，忧郁症是导致自杀的最主要的原因。这种看法实际上是有问题的，从更深广的视角来看自杀问题，应该说，人类对生命与生活态度的变化是自杀现象更为根本的原因；而要降低自杀率，也必须从人生观的建构上着手，改变人们对生命与生活的一些不好与不健康

第四章　珍爱生命　远离自杀

的态度。"（郑晓江，《论现代人之自杀问题及其对策》）

"一般而言，死与不死，对自杀者而言，主要的不是生理性原因，也不是由死本身而定的，它是由自我之人生状态来确定的。在自杀者那里，是'生'的方方面面决定了'死'，是人生之问题决定了是否选择死亡，这与那些活够了自然寿命而终者不一样，也与因疾病而亡者大不同，这一点应该是理解现代社会自杀问题的关键所在。因此，我们现代人必须重建现代生命意义的体认和现代人生价值的确立。其中的关键又主要的不在健康、快乐、成就、幸福等正面的人生状态的意义与价值（因为这是人类生活中永恒性的东西，不会因时代的变迁而发生巨大的变化，而且在现代高科技的条件下，这些东西应该说现代人比之以往的任何时代的人都获得了更多的满足）；而在于在当代社会条件下，我们每个人都更应该去意识到那些人生的负面状态——如痛苦、挫折、寂寞、灾难，乃至于疾病、苦难和死亡的意义与价值，因为正是它们常常直接导致了人们走向自杀的不归之路。""实际上，人生的正面状态固然有意义和价值，而人生的负面状态又何尝没有意义和价值呢？人生存于世，顺利幸福快乐的时光并不多，倒是痛苦失败挫折的时候更多。当你没有足够的心理承受力时，你的苦恼就特别的多；但你若能把这些人生的负面状态都视为你人生过程中必得承受的部分时，而且是你人生中宝贵的经历和不可或缺的组成部分时，你的心情就会好得多，承受痛苦灾难的能力也能大大地增强。"（郑晓江）

生命对于我们每个人都只有一次，只有活着才能体验人生的喜怒哀乐，因此，生命是如此的宝贵，我们绝不能轻易地放弃生命。

（二）生活其实没有想象的那样绝望

美国作家欧·亨利在他的小说《最后一片叶子》里讲了个故事：病房里，一个生命垂危的病人从房间里看见窗外的一棵树，叶子在秋风中一片片地掉落下来。病人望着眼前的萧萧落叶，身体也随之每况愈下，一天不如一天。她说："当树叶全部掉光时，我也就要死了。"一位老画家得知后，用彩笔画了一片叶脉青翠的树叶挂在树枝上，最后一片叶子始终没掉下来。只因为生命中的这片绿，病人竟奇迹般地活了下来。因此，人生可以没有很多东西，却唯独不能没有希望，希望是人类生活的一项重要价值源泉。很多人放弃生命就是因为感觉到已经没有任何希望，这种绝望的心理感受最终导致他们选择了自杀。

自杀的外部诱发因素有很多种，这些不同的外部因素对自杀者产生的一个共同心理效应就是对生活感到绝望，对生活的绝望是自杀者采取自杀行为的一个共同心理基础。不消除这种绝望的心理感受，就很难把有自杀倾向的人从死亡边上拉回来。生活真的有那么绝望吗？生真的有那么艰难吗？难道我们真的就没有比自杀更好的办法来摆脱现在的处境吗？

绝望是一种主观的心理感受，绝望心理的产生与自杀者的思维与处世方式有很大的关系，也与人的认知水平有关。面对同样的困境，有些人会感到绝望，有些人则把它看成是激励自己奋发向上的动力。请看下面的事例。

海口截瘫青年办网站　让上百病友走出绝望

"天有不测风云，人有旦夕祸福"，人的一生充满了各种苦难。在命运的捉弄下，许多人一蹶不振，而却有这样的一群人，他们"扼住命运的喉咙""直面惨淡的人生"，在挫折中战胜自我，实现人生的价值。他们不愧是生活的强者。

2002年，准备到英国留学的李文浩突遭一场车祸，导致他脊椎神经损伤，造成完全性瘫痪，仅脖子以上部位能动，生活完全无法自理。李文浩曾想过轻生，但为了让父母对自己存有希望，他选择了坚强，开始认真思考自己的人生。治病期间，李文浩发现国内有关脊髓神经损伤治疗的资料相当匮乏。于是，他决定为脊髓损伤病人做些事情。

2004年11月，李文浩投入1000元注册费，在网上创办了"脊髓损伤病友交流社区"，这是国内第一个专门的脊髓损伤交流网站。对于一个完全性瘫痪的病人来说，使用电脑是极为困难的。李文浩请人在床上方安装了一个巨大的铁质圆盘作为电脑显示器的固定底盘，在床头安装了一个用马达发动的巨大的铁制起重设备。使用电脑时，必须由护工用起重设备将李文浩从轮椅吊到床上，然后他把自己的头当做"鼠标"来进行操作。在李文浩看来，最困难的是翻译国外的最新治疗技术，每次他托美国的朋友帮他寄来医学书籍，由于专业术语多，往往翻译一篇上千字的学术论文就要耗费一周的时间。半年之后，网站运行上了正轨，看见越来越多的病友加入这个网站，李文浩终于品尝到成功的愉悦。创办4年来，网站会员已发展到4000多人，几乎都是脊髓损伤患者，因此被脊髓损伤患者称为"温暖的家"。许多病友曾经在绝望之中想要自杀，加入网站以后，在众多网友的帮助下渐渐打开心扉，变得坚强乐观。

女子新婚84天被撞成高位截瘫 躺着写11万字日记

2006年1月20日早晨，新婚84天的尹书君在邢台市上班途中被逆行的轿车撞成重伤，医院诊断为高位截瘫。病床上，她靠着坚强的毅力写出11万字"生命日记"，给白血病儿童捐献稿酬，给中学生作励志报告，被评为2006"邢台十大好人"，她的事迹深深感动了社会。

高位截瘫，意味着下半生要在病床和轮椅上度过，还要时时遭受多种致命并发症的侵袭。"我不知道该怎么面对这巨大的变故，面对自己的亲友。人们鼓励开导我，我只是静静地听，却听不到心里去，反而会想，劝人的话我也会说，可谁能让我恢复成一个正常人呢？我不愿别人提及我的病情、我的遭遇、我的今后、我的一切。"尹书君一度心灰意冷，甚至想到过死。后来，她的哥哥尹纪周递给她一个日记本、一支笔，还有一本本重病者的励志之作，希望她在用笔"说话"的同时，梳理自己的思想。哥哥的行动给了她启发和继续活下去的勇气，也成为她心灵康复的重要过程。在亲人和朋友的关爱下，病榻上的尹书君走出苦闷、悲痛和恐惧，决定以写作的

第四章　珍爱生命　远离自杀

方式与命运抗争。

"我想记下每一次疼痛，每一份关爱，更重要的是，记录下我苦难生活中的一份坚强。"不难想象，一个高位截瘫的人进行创作是何等艰辛。对于仅有头和双手能动的尹书君而言，书写创作已不再是传统意义上的书写。身体绝大部分没有神经支配的尹书君根本不能坐住，她就躺在床上，一手握笔一手执本，一笔一画地记录着自己的感悟。手麻了，笔一次次掉在地上，白发母亲孙秀春什么也不说，默默捡起来，递到女儿手里。从2006年4月11日至今，尹书君已写下了11万字的日记以及《咬紧牙，做人生的英雄》等近20篇文章，在省内外报刊发表，被各大网站纷纷转载，读者通过媒体报道得知她的事迹后深受感动。

相比较于李文浩与尹书君，我们绝大多数人的生活状况一定是要好得多，他们能坚强地生活下来，为什么我们健健康康的人却要放弃生命呢？

当我们遇到困难、压力时一定要学会保持冷静，仔细地想一想自己的情况是不是真的到了绝望的程度，事实上如果你经过了仔细的分析，你会发现，其实事情远没有我们想象的那么糟糕，比你生活得更糟的大有人在，他们能好好的活着，你为什么要放弃呢？

生活中谁都会碰到困难和烦恼，面对这些困难和烦恼，我们必须学会正确的进行处理。有人总结出一个解决烦恼问题的万能公式，当你遇到烦恼问题时，可进行下面三件事：

第一，问自己：万一失败的话，可能发生的最坏情况是什么。

第二，如果你别无选择的话，就准备接受最坏的情况。

第三，镇定地想办法改善它。

这"三部曲"关键就在于接受现实、面对烦恼而不是陷于困境无法自拔。我们实际上比我们所想象的要坚强得多，我们有很多从未发现过的内在力量，要是一个人能充满信心地朝他理想的方向去做，下定决心要过他所想过的生活，他就一定会得到意外的成功。每个人都有巨大的潜力，只要你努力去改善它，大量的事实证明，结果并没有想象的那么糟糕。有时是我们自己把困难想得太大了，我们被我们所想象出来的困难吓住了，在大多数情况，生活并没有我们想象的那么绝望。

（三）咬紧牙关，人生没有迈不过去的坎

面对困难时，要有坚强的意志力和自信心，懦弱往往是自杀者的共同特征之一。现实生活中，一些孩子从小娇生惯养，缺乏坚强的意志力，不能承受一丁点打击，一遇到困难就寻死觅活。但实际上某些困难只要咬咬牙，就能顺利渡过。请看下面的示例。

两个探险者迷失在茫茫的大戈壁滩上，他们因长时间缺水，嘴唇裂开了一道道的血口，如果继续下去，两个人只能活活渴死！一个年长一些的探险者从同伴手中拿过空水壶，郑重地说："我去找水，你在这里等着我吧！"接着，他又从行囊中拿出一只手枪递给同伴说："这里有6颗子弹，每隔一个时辰你就放一枪，这样当我找到水后就不会迷失方向，就可以循着枪声找到你。千万要记住！"看着

第四章　珍爱生命　远离自杀

同伴点了点头，他才信心十足地蹒跚离去……

时间在悄悄地流逝，枪膛里仅仅剩下最后一颗子弹了，找水的同伴还没有回来。"他一定被风沙湮没了或者找到水后撇下我一个人走了。"年纪小一些的探险者数着分数着秒，焦灼地等待着。饥渴和恐惧伴随着绝望如潮水般地充盈了他的脑海，他仿佛嗅到了死亡的味道，感到死神正面目狰狞地向他紧逼过来……他扣动扳机，将最后一粒子弹射进了自己的脑袋。就在他的尸体轰然倒下的时候，同伴带着满满的两大壶水赶到了他的身边……

年纪小的探险者是不幸的，因为他放弃了坚持，同时也就放弃了自己宝贵的生命。很多时候，在我们人生的道路上，面对困难和挫折，我们能够咬着牙坚持着熬过最漫长最艰难的时刻；可当成功将要与我们伸手相握的时候，却因为我们最终的放弃，便与之擦肩而过了。

困难的时刻，绝望的时刻，千万别轻言放弃，坚持再坚持。咬紧了牙关的人，死神也会避而远之，因为死神最害怕听到咬紧牙关的咯咯声。任何人的一生都会遇到困难和挫折，有时候咬咬牙就能挺过去，不要轻易放弃。

（四）学会相信他人，积极寻求帮助

当我们遇到困难时，要学会相信他人，主动寻求帮助。青少年仍然是弱势群体，他们需要得到社会和家庭的帮助。当青少年碰到想不开的问题时，应该学会向别人求助。社会性是人的本质特征，

超越死亡

每个人都离不开社会的帮助,因而,青少年遇到个人解决不了的问题向社会求助,这是合情合理的。在很多情况下,青少年自杀就是因为他们把所有的事都一个人扛着,结果导致压力过大,问题不能解决,从而引发自杀。

学会向他人求助,这也是一种生存的能力。碰到自己解决不了的问题或困惑可以立即与你认识的人倾谈,如朋友、亲人或老师。当你觉得问题非常严重,你又不习惯面对面或向你认识的人倾吐心事,可以透过电话辅导热线服务,向一些互不相识的辅导员剖白你的感受。这些求助都可能使你不但免除自杀,同时还有可能帮你解决你的困惑问题。

当前青少年由于缺乏必要的挫折教育和心理素质教育,容易因为一时苦闷或瞬间冲动产生自杀念头,但他们的这种念头绝对没有成人因"价值观破灭"导致自杀那样坚决,只要及时发现并进行合适的开导劝解,青少年很容易走出"自杀"误区。但从目前的青少年热线现状看来,当前大多数青少年还不善于主动及时寻求心理方面解脱,而是一味地掩藏在心里,如果长期积累,很容易导致孩子心理扭曲,承受不住时可能一时冲动产生自杀等不良念头,这一现象应引起社会各界关注。

以下是厦门自杀救援工作站某位自愿者的工作日记,通过这两篇日记我们看出,想要自杀的人心理是极其矛盾的,其实他们求生的欲望也是非常强烈的,如果能及时获得帮助,解开他们的心结,他们可能就会放弃自杀的念头。

第四章 珍爱生命 远离自杀

2006年10月21日 星期六

午夜时分,一个电话惊醒了刚刚入睡的我。"我不想活了。"对方(女)平静地说。"你给我打电话,希望我为你做点什么呢?"我轻轻地问。女子在电话那侧沉默了几分钟后说只是希望在离开这个世界以前再找个人说说话。她说准备了整整1瓶共100片安眠药打算结束生命。

女孩讲话的语速非常快,我试着安慰她问她为什么。女孩听了我的话突然开始抽泣,原来是男朋友因为别的女孩离开了她,女孩感觉自己为他已经付出了一切,现在却突然被他甩了,心里十分气不过,打算用死来报复他。

我慢慢地与她聊着,女孩慢慢平静下来,我也给她讲了很多,女孩最终放弃了自杀,很不好意思地与我道再见,说还会再给我打电话的。我又重新回到床上,望着窗外渐白的天色,却久久难以入睡,这是第几个因失恋要自杀的女孩儿呢?真的记不清了。

2007年4月11日 星期三

正在看机构网站上的一些新的改动,又有QQ在跳了。于是跟这位求助者会谈。某男,29岁,因半年前与妻子离婚时才知道了妻子原来不爱他,说自己没钱,事业不成功,不得已才嫁给他,现在背着他爱上了别的男人,在离婚时还把他狠狠地数落了一番。

他对自己对生活都感到绝望,就萌生了轻生的想法。从和他前面的交谈过程来看,求助者的确是一位老实、善良、单纯的男人。他太在乎自己的妻子对自己的恶毒的评价了,所以把自己想成了一个失败的男人。我让他再认真分析自己，重新树立自信心。我对他说，不要认为自己是一个平庸的人。有了信心加上努力，再加上自己的智慧，就没有什么问题解决不了。经过这几个阶段的讨论，求助者心情豁然开朗，非常积极地参与制定自己的成长计划。在会谈将要结束时，他千恩万谢，说自己非常想感谢我。我告诉他，如果很想感谢我的话，就要好好地经营自己的生活和工作，最后我们互祝平安结束了会谈。

从这里可以看出，自杀者在自杀之前是有一个犹豫期的，这时若能主动求助，有自杀念头的人往往会放弃自杀，并咨询到解决问题的合理方法。

目前全国各地都已经认识到了自杀心理干预的重要性和紧迫性，相应的机构也开始建立起来。以下是部分自杀干预机构及心理热线：

心理咨询机构	咨询热线
广州白云精神病康复医院	020-37385890
北京回龙观医院北京心理危机研究与干预中心	800-8101117
中国人民大学心理咨询研究中心	010-62511397
北京师范大学心理咨询中心	010-58808136　010-58800764
武汉大学生心理健康教育与研究中心	027-87436623
重庆荣格心理与事业发展咨询所	023-88601980
武汉市心理危机干预中心	027-85844666
杭州心理危机研究与干预中心	0571-85029595
福建省精神卫生中心干预自杀门诊	0591-3599242　0591-7191119

第四章 珍爱生命 远离自杀

续表

心理咨询机构	咨询热线
四川省心理干预中心	028-87577510　028-87528604
南京脑科医院自杀干预抢救中心	025-83712977
江西省首条自杀干预热线暨心理求助热线	0791-8152826
深圳市心理危机干预中心	0755-25629459

（五）青少年要有自我肯定的价值观

青少年自杀与他们的价值观之间有着较为密切的关系。价值观的偏差往往会导致一些青少年对自己的评价过低或过高，从而产生自卑或自负的心理，这两种情况如果走向极端都容易导致青少年产生自杀动机。

1997年2月20日，贵阳市某中学初二学生李渊在家中自杀，2月28日《贵阳都市报》刊登了这个14岁孩子的遗书，遗书中说：我的成绩从来没有好过，我是一个废物，样样不如别人……2000年8月，因家境贫寒产生自卑心理的吉林省一女生卧轨自杀。

这两起青少年自杀事件都是由于过低的自我评价，从而引起自卑，并进一步引起自杀。自卑心理的产生是通过比较产生的，当我们将自己的弱项与别人的长项相比较时，就会产生自卑。但如果换一种角度来比较，将我们的长项与别人的弱项相比较，我们就会发现，其实我们已经够幸运了。请看下面一则故事：

我认识爱波特已经有几年了。那次他告诉我一个动人的故事，

超越死亡

我将永远不会忘记。他说：我通常是有点烦恼。但是在1934年春天，我在威培城西道菲街散步的时候，目睹了一件事才使我的一切烦恼为之消解。此事发生于10秒钟内。我在这10秒钟里，所学得的如何生活，比从前10年的还要多。我在威培城开了一间杂货店已经两年，我不但把所有储蓄都亏掉了，而且我还负债累累，要7年之久才能还清。上星期六，我这间杂货店已经关门了。我现在要向银行贷款才能回堪萨斯再找工作。我走起路来像是一个受过严重打击的人。我已经失去了一切的信念和斗志。可是，我突然瞧见一个没有腿的人迎面而来，他坐在一个木制的装有轮子的可以旋转滑走的盘内，用双手各撑着一根木棒，沿街推进，我恰好在他过街之后碰见他，他刚开始走几尺路到人行道去，当他推进他的小木盘到一个角度时，我们的视线刚好相碰了。他微笑着，向我打了个招呼："早，先生，天气很好，不是吗？"他很有精神地说。当我站着瞧他的时候，我感觉到我是多么的富有呀，我有两条腿，我可以走，我觉得自怜是多么的可耻。我对自己说：要是他没有腿也能快乐、高兴和自信，我有腿，当然也可以。我感到我的胸怀为之开阔起来。我本来只想向银行借100元，但是，我现在有勇气向它借200元了。我本来想到堪萨斯城试着找一份工作，但是，现在我自信地宣布我想到堪萨斯城获得工作。最后我钱也借到了，工作也找到了。

后来我把下面的字，贴在我的浴室镜子上，每天早晨刮脸的时候我都要读一遍：

我忧郁，因为我没有鞋。

第四章　珍爱生命　远离自杀

直到上街我遇见一个人，他没有脚！

有一次，我问力铿柏克，他和他的同伴坐在木筏上漂流了21天，绝望地迷失于太平洋中，他得到的最大教训是什么？他说："我得到最大的教训是：只要你有淡水你就想喝，只要你有食物你就想吃，你决不再埋怨任何东西了。"

史密斯极其简洁地说出了人类的大智慧。他说："人生的目的只有两件事：第一，得到你想要的；第二，得到之后就去享受它。但是只有最聪明的人才能做到第二点。"

树立正确的人生价值观，对自己进行正确的评价，保持乐观主义的精神，这些都有利于我们走出自卑建立自信，从而避免自杀。

从理论上讲，一个人生存下去的动力机制遭到了摧毁，生活的勇气不足的时候，生活中的任何琐事都可以成为他的自杀理由。很多自杀看起来是当事人一时之气，但实际上是长期积累的结果。因此，建立起乐观积极向上的人生态度是预防自杀最关键的要素。

（六）学会爱，爱他人也要爱自己

自杀是对自己生命的放弃，这是不爱自己的表现，同时自杀也会伤及家人和亲朋的感情，因而也是不爱他人的行为，所以真正懂得爱的人是不会主动放弃生命的。现代的青少年可能会在物质生活方面得到无微不至的照顾，但却可能缺乏爱的教育。没有学会关爱他人，也就不会关爱自己。统计资料显示，有家室牵挂的人自杀率要比无家室牵挂的人低很多，单亲家庭的孩子自杀率也要比完整家庭的孩子高。人是社会中的人，爱是一种人与人之间的情感，具有社会性，通过爱将人和人结成一个整体，有了这种牵挂，人就会有归属感，就会感受到自己是整个社会的一部分；如果缺乏爱，个人就会感到孤独、无助，没有社会归属感，最终导致个人游离于社会之外，每当这时，个人就会感觉不到对社会和人世的留恋，从而容易产生自杀的念头。

一项全国性的调查显示，与母亲关系不好的青年子女，在单亲家庭中占30%，在双亲家庭中只占16%；而与父亲关系不好的子女，在单亲家庭中占65%，在双亲家庭中占29%。据调查，离婚的男人和女人试图自杀的比例是在婚男女的两倍；在过去半个世纪里，自杀的青少年中有2/3来自破碎家庭。最近的调查显示，家庭、婚恋等情感问题仍然是导致自杀的主因，占近30%。由这些数据可以看出"爱"对于预防自杀的重要意义。

我们爱自己吗？这问题听起来有点莫名其妙，谁不爱自己呢？但是如果爱自己，为什么还有人会自杀呢？只有恨它，才会消灭它，如果爱它，就会好好的珍惜它。自杀的人企图消灭自己的肉体生命，那就说明他已经不爱自己，如极度自卑的人可能会有自杀的念头，就是因为他对自己不满意，他不爱自己，他对自己的身体或者行为不满意，甚至于憎恶。爱自己是避免自杀的一个最重要的因素。乐观、自信的人很少自杀。是否爱自己，这里有一个程度的问题，大多数人都是爱自己的，一部分人可能会关爱别人比关爱自己更甚，只有少数人才会极端鄙视自己。

第四章　珍爱生命　远离自杀

有些时候，由于外界的种种原因，使我们感到极端的孤独、无助、绝望，这时候，如果我们爱自己，那么我们就能自己给自己支持，自己给自己打气鼓劲。所以，当我们在最痛楚无助、最孤立无援的时候，没有一个人能为我们分担的时候，我们要学会自己送自己一枝鲜花，自己给自己一个明媚的笑容。然后，怀着美好的预感和吉祥的愿望活下去。当你学会了热爱自己，在困难面前，给自己一个微笑的时候；当你在残酷的现实面前，懂得自我安慰的时候；当你在人生最失意，依然坚信明天会更美好的时候，你便成长了，笑对风雨是最好的见证。学会爱自己吧，即使这是一种短暂的欺骗，如果这种欺骗，能让自己在黑夜中独自穿行，能让自己在挫折面前镇定自若，能让自己在暴风雨中屹立不倒，偶尔自我欺骗一下又有什么不好呢？学会爱自己吧，当有人关怀的时候你会欣喜，没有人牵挂的时候也不会因此失落。因为爱自己的砝码使心态天平的两边处于平衡，不会因为失去别人的关怀而失衡倾斜。学会爱自己，才懂得用一颗乐观向上的心来看待世界，用一颗平易近人的心来对待友谊。学会爱自己的人，才能真正懂得爱这个世界。

自杀是一种社会现象。社会心理因素的研究显示：社会不稳定、政治危机、失业、贫困，社会关系恶化以社会心理刺激的形式作用于个体，在个体素质（包括心理素质与健康素质）不良，或刺激过于强大的情况下，导致个体精神崩溃，成为自杀的主要原因。在各种社会心理刺激中，又以人际关系的中断或恶化最为重要。与配偶

超越死亡

的严重争吵、家庭成员不和、工作中与人相处不好、恋爱问题等是自杀行为的直接起因或诱因。从大量自杀的例子中，我们可以发现，情感问题是导致自杀的一个最主要的原因，恋人之间、家庭之间的纠纷可能使某个人感觉到一下子失去了这种维系生命存在的力量，从而放弃自己的生命。因此，能否主动地去关爱他人和关爱自己，这是一个非常关键的问题。

第五章　在超越中体悟人生

"我们无法选择人生的长度，却可以追求人生的高度；我们无法增加生命的数量，却可以提高生命的质量。"这句话其实充分体现了人作为一种超越性的存在的真正内涵。认识死亡的目的是为了更好地把握人生，享受人生。人作为一种超越性的存在，超越死亡的追求对人生而言是十分重要的，它对人生的定位、人生意义和目标的确立、生活的态度等等，都有着直接的关系。人的超越是基于对外部自然及人自身的运动变化发展客观规律的正确认识。我们已经认识到了人终有一死，人的肉身必定会死，因而，超越死亡不是否认死亡的存在，而是一种精神上对死亡的超越。这种精神上的超越表现为正视死亡现象，坦然面对死亡，消除对死亡的过分恐惧，珍惜生命，爱惜自己的身体，学会用正确的方法增强自己的生命力和社会适应能力，让有限的人生迸发出灿烂的光辉，在超越死亡的过程中体悟人生。

一、在困境中超越死亡

人的超越性就表现为人的能动性，人有意识，可以在实践活动的基础上形成意识，意识一旦形成反过来又能影响到我们的实践活

超越死亡

动，形成对实践活动的指导。对"死亡"的意识同样也能影响我们的人生，引导我们的实践活动。人的生命和其他动物一样，都是一种生物现象，但维持生命的形式却不一样。其他动物依靠其本能从自然界获得现成的食物，维持自身的存在，人却是通过自觉的实践活动，通过主动的变革自然来获得维持自身生命存在的各种生活必需品。人与其他动物的这种差异使得人不仅仅是本能的维持自身生命的存在，同时也要在生命中求得某种意义，寻找生命存在的理由，正因如此，当人们感觉不到生命存在的意义和价值时，就会自动放弃自己的生命，产生自杀的行为。在此，对人生意义的追寻与生命存亡就有了紧密的关联，反过来人们对死亡的理解又能直接影响到自身的人生态度和生活方式。

奥地利心理学家、精神病学家维克多·弗兰克（1905～1997），以自己的亲身经历来说明精神上对死亡的超越对他的人生所产生的积极影响。第二次世界大战期间，由于犹太身份，他和他的家人都被纳粹逮捕，他在奥尔维辛、达豪等集中营度过了3年九死一生的岁月。作为一名心理学家和精神病医生，他在被捕以前，已经初步形成了对精神病的意义疗法，集中营中的悲痛经验，以亲身经历加深了他对这一理论的认同，也使他发展出积极乐观的人生哲学，正如他常引用的尼采一句话："打不垮我的，将使我更加坚强"，使他后半生能活得健康快乐。从集中营被解救出来后，他写下了非常有影响力的著作《生命的意义》，并成为维也纳第三心理治疗学派——意义治疗与存在主义分析的创办人。

第五章　在超越中体悟人生

通过在集中营的生活，弗兰克领会到了在生活中，人人都害怕陷入痛苦与灾难之中，这是完全可以理解的。集中营活脱是人间的地狱。狭小的牢笼，横七竖八地躺着犯人，连翻身的地方都没有。恶劣的空气熏得人不愿张开鼻孔。他们还要忍受狱卒无礼的打骂，皮鞭随时会在他们身上落下。更可怕的是，身边不停地有人被投入焚烧炉。死亡，让他们根本无法感受到生存的希望。然而，求生的本能却驱使他们尽最大的努力保护自己，集中营成了生存斗争的"试验场"。同时，弗兰克通过集中营的生活也明白了痛苦和灾难对于人生的意义：一方面，即便我们极力去避免，我们的一生中仍然不可能消除痛苦和灾难的降临；另一方面，如果我们的生活中真的没有了痛苦与灾难，那么，我们的一生里也就不可能有幸福与快乐，因为两者都是在比较中才得以显现的。既然如此，我们就要去勇敢地面对人生的痛苦和灾难，而且在承受它们的过程中，善于将其转化为一种正面的与积极的价值。

人在世间要受到许多痛苦与灾难，但是，当人们身处这些痛苦与灾难之中仍然能够自觉地选择某种道德及利他的行为时，他便无形中把痛苦与灾难转换成了某种人生的成就；因其有此成就，而使他在痛苦与灾难之中获得了意义与价值；因其有意义与价值，而使他有了活下去的愿望与追求；因其有了这样的愿望与追求，他就有可能在最为艰难的处境下、在最痛苦的状态里生存下去，从而使自我的生命保有了尊严，显示出熠熠光辉来。弗兰克医生在纳粹集中营中能够活下来，也即得益于这一点。所以，他充满感情地写道：

超越死亡

"一个人若能接受命运及其所附加的一切痛苦，并且肩负起自己的十字架，则即使处在最恶劣的环境中，照样有充分的机会去加深他生命的意义，使生命保有坚忍、尊贵、无私的特质。否则，在力图自保的残酷斗争中，他很可能因为忘却自己的人性尊严，以致变得与禽兽无异。这机会，他可以掌握，也可以放弃，但他的取舍，却能够决定他究竟配得上或配不上他所受的痛苦。""懂得为何而活的人，几乎'任何'痛苦都可以忍受。"

弗兰克认为，看不出个人生命有任何意义、任何目标，因而觉得活下去没有意义的人最是悲惨了。我们真正需要的是从根本上改变我们对人生的态度；真正重要的不是我们对人生有何指望，而是人生对我们有何指望；我们不该继续追问生命有何意义，而该认清自己无时无刻不在接受生命的追问。面对这个追问，我们不能以说话和沉思来答复，而应该以正确的行动和作为来答复。人一旦发觉受苦即是他的命运，就不能不把受苦当作是他的使命——它独特而孤单的使命。他必须认清：即使身在痛苦中，他也是宇宙间孤单而独特的一个人。没有人能替他受苦或解除他的重荷，他唯一的机运就在于它赖以承受痛苦的态度。

一旦看透了痛苦的奥秘，我们就不应当再以忽视、幻想或矫情的乐观态度来减轻或缓和现实生活中的种种困苦，而应当把痛苦看做是值得承担的负荷。我们不能再退缩，因为我们已了解痛苦暗含成就的机运。我们有必要勇于面对所有的痛苦，并把软弱的时刻和暗淡的泪水减到最低量。然而，我们并不以流泪为耻，毕竟眼泪证

第五章　在超越中体悟人生

明了我们有承担痛苦的最大勇气。

每个人都是独特的，都有独一无二的使命等着他去完成，因而也使得每个人的存在都有其意义。这种特质与创造性的工作和人类之爱息息相关。一个人一旦了解他的地位无可替代，自然容易尽最大心力为自己的存在负起最大责任。他只要知道自己有责任为某件尚待完成的工作或某个期盼他早归的人而善自珍重，必定无法抛弃生命。他了解自己"为何"而活，因而承受得住"任何"煎熬。

任何人，无论在何种恶劣的处境里，只要保持某种期待，有一个活下去的目的，那么，他就可以忍受任何痛苦与灾难。反之，即使在一个良好的生存环境里，人们若没有生活的期待，也没有一个活下去的理由，他们就不仅不能忍受痛苦与灾难的煎熬，而且相当容易地走向自杀的不归之路。

我们每个人从生下来那一刻起，便承担起独特生命赋予的使命。弗兰克医生认为，这一使命因人而异，因时而异。如果一个人陷入了像集中营这样的人间地狱，痛苦与灾难，以至死亡充斥在其周围，那么其唯一正确的人生态度便只能是把受苦当做他的使命："他独特而孤单的使命。他必须认清：即使身在痛苦中，他也是宇宙间孤单而独特的一个人。没有人能替他受苦或解除他的重荷。他唯一的机运在于他赖以承受痛苦的态度。"这样，人们就可以把痛苦看做是值得承担的负荷，明白了痛苦之中也暗含着成就生命的机会，会勇敢地接受痛苦与灾难，并在巨大的肉体痛苦中获得精神的解脱，直至获得某种灵魂的喜悦。因此，我们每个活在世上的人，都应该从弗

超越死亡

兰克医生在集中营内的经历体会到生命的每时每刻、生活中的每一人每一物，以及人生里的起伏跌宕等，无不都意义盎然。因为，即便是痛苦、灾难和死亡，弗兰克医师都成功地指出了其蕴含的意义与价值。认识到这一点，并贯之以人生的行为，现代人才可能不至于陷入"意义空虚"的生存危机中，也才能使我们的生活幸福，面对死亡亦能无所畏惧，从而才能提升存在的品质。（郑晓江，《存在的品质——读〈活出意义来〉》，《书屋》，2006 年第 6 期）

弗兰克的故事生动地说明即使困难和痛苦对人生也是有积极意义的，人的内在力量可以超越于外在的命运。青少年在成长的过程中不断地会遇到各种外在的压力和困难，如学习的压力、考试的失败、家长和老师的批评、高考的失意、大学生活中经济上的困顿、失恋、就业的艰辛、人际交往的不畅等等，我们没有办法避免困难和挫折对我们的光顾，但我们可以选择对待困难和挫折的态度。困难和挫折对于我们的影响是双向的，它们既可以培养一个人的意志力，锤炼一个人的品质，提升一个人的能力，又有可能把一个人压垮，使青少年丧失对人生的美好追求和愿望。既然困难和挫折不可避开，那就只能勇敢地面对，只要我们作出了这样的选择，困难和挫折就不再可怕，而是给我们提供了一次向命运挑战，面对着经由痛苦而获得成就的机会，获得了让人超越自己，从而得到精神上的成长的机会。

现实中永远存在着这样的机会和挑战，人可以战胜这些困苦，把生命扭转成一个内在的胜利；也可以忽视现有的挑战，漫无目的地过一天算一天。结果怎样，就看我们怎样选择。斯宾诺萨说，"我们只要把痛苦的情绪，塑成一幅明确清晰的图像，就不会再痛苦了。"

当一个人遭遇到一种无可避免的、不能逃脱的情境，当他必须面对一个无法改变的命运——比如罹患了绝症或开刀也无效的癌症等等——他就等于得到了一个最后机会，去实现最高的价值与最深的意义。这时，最重要的便是：他对苦难采取了什么态度？他用怎样的态度来承担他的痛苦？人主要的关心并不在于获得快乐或避免痛苦，而是要了解生命中的意义。这就是为什么人在某些情况下，宁愿受苦，只要它确定自己的苦难具有意义即可。在任何人的一生中，痛苦是不可避免的，如果勇敢地接受苦难的挑战，生命至最后一刻都仍具有意义。因而，任何时候都一定不要丧失信心，只要信心还在，希望还在，我们就能坚强的活下去，渡过任何难关。

二、寻找生命的意义，走出存在的空虚

人类的生命无论处在任何情况下，仍具有其意义。这种无限的人生意义，涵盖了痛苦和濒死、困顿和死亡。任何时候都绝对不能放弃希望，而该相信目前的挣扎纵然徒劳，亦无损其意义和尊严，因而值得我们保住勇气、奋斗到底。在艰难的时刻里，有人——我们的亲人，朋友——正俯视着我们。他一定不愿意我们使他失望，他一定希望看到我们充满尊严——而非可怜兮兮地承受痛苦，并且懂得怎样面对死亡。

超越死亡

但一个人不能去寻找抽象的生命意义，每个人都有他自己的特殊天职或使命，而这使命是需要具体地去实现的。生命中的每一种情景都向人提出挑战，同时提出疑难要他去解决，因此生命意义的问题事实上应该颠倒过来，人不应该去问他的生命意义是什么，而是生命本身不断地向我们每个人提出问题，每一个人都一直在不断地被生命询问，我们必须用自己的行动才能回答这些问题。人是一种能够负责任的物种，他必须实现他潜在的生命意义。人类的存在本质上是"自我超越"的存在而非自我实现的存在。一个人为实践其生命意义而投注了多少心血，他就会有多少程度的自我实现。

自我超越就表现为不断地克服和解决生命向我们提出的问题，自我超越的实现也就是人生意义的实现。

存在的空虚是20世纪以来的一种普遍现象。"存在的空虚"所表现出来的最主要现象是无聊厌烦。目前，在我国的青少年中，这种情绪极其普遍。这说明我国青少年生命意义的缺乏。

学者郑晓江教授提出了关于人生问题的"生命与生活的紧张"原理。他认为，我们通常所说的人生、生命、生活三个概念有重大的区分，不能混而不清。人的生命作为有机体的存在，是过去、现在与未来的一条"流"。而人的生活作为有机体的感受，是当下现在的一个"点"。生活是"点"，生命是"流"，生命与生活二者组合构成完整的人生，其中，生命是生活的基础，生活是生命的体现。生命表现为内在的，而生活是外在的；生命求的是稳定，生活求的是变化；生命是有机体的成长，而生活则是各种人生滋味的总和。

第五章　在超越中体悟人生

人的生命与生活实际上形成了一种内在紧张，两者经常发生矛盾、摩擦、不一致，等等。而二者的紧张构成了一切人之生死问题所由发生的基础。

在现代社会，由于许多青少年倾向于物质性的感性生活而忘怀了生命的层面，从而常常出现生活意义的虚无与生命价值的危机。青少年追求的主要是"感觉的好"，也就是注重生活体验，对于生命的内涵以及生命与生活之间的关系不甚明了。青少年常常只顾生活的短暂愉悦，而忽视了生命的长久存在以及生命之于生活的重要意义。如现代社会部分青少年沉迷于网络游戏，在网络游戏中体验当下的快乐，而不会考虑沉迷网络对自己身体的伤害和对自己未来生活的负面影响。这种现象就是一种只顾当下的生活感受，而不顾及生命的长久意义的典型例子。据统计，网游玩家90%以上都是16岁至30岁的青少年，有报道称，每年约有100万到150万名中学生因玩游戏自毁前程。而要消除这种青少年沉迷网络的现象，就必须从根本上改变青少年的这种世界观。在前一章我们谈到了青少年自杀的现象，其中部分青少年自杀与他们只追求当下生活的感受有一定的关系。持这样一种人生价值观的青少年一旦感觉到自己的生活中没有快乐，就用自杀来结束自己的生命。至于亲人因此而产生无穷的痛苦，他们就不会考虑那么多了。从表面上看，是生活的苦难压倒了他们，但实际上则是轻易放弃生命的观念害了他们。存在的虚无与生命意义的缺乏导致了许多青少年轻弃生命。

在此，我们必须明确快乐必须是一种自我超越的副作用或附带

超越死亡

产品，如果将它视为人生的目标则会消灭或破坏了快乐。单纯的以享乐作为人生追求的目标和意义标准，往往是很难真正获得快乐的。

人都是要死的，任何人都逃脱不了死亡的厄运和宿命。但这并不是说人在死亡面前无能为力、一筹莫展，只能被动地接受死神的侵害和死亡的到来，而是应该用一种积极的姿态和进攻的态度努力地去战胜它、消解它和超越它，从而使人的有限的生命充满无限的意义，使短暂的人生具有长久的价值。在死亡没有到来之前，认认真真地活好人生的每一天，真真切切地过好人生的每一刻，从从容容地享受生命的每一瞬，踏踏实实地做好人生的每一件事情，兢兢业业地干好人生的每一项工作，以自己真实的生命存在藐视死亡的威胁，以自己丰富的人生意义贬损死亡的恐惧，以自己伟大的生命价值否定死亡的羁绊，以自己辉煌灿烂的人生成就超越死亡的毁灭。这样才能真正的过一种有价值、有意义的人生，才真正无愧于自己仅有的一次宝贵的生命。

最近这些年有关大学生自杀、大学生犯罪的报道屡屡出现。云南大学的马加爵因口角杀死4名同学，中国政法大学的付成励因失恋杀死老师，北京科技大学的黎力抢劫校内银行10万元，他们的犯罪在令人痛恨的同时又令人惋惜，他们为什么会走向犯罪？这是很值得我们深思的。

对于马加爵的杀人心理动机，中国人民公安大学的李玫瑾教授做了比较详细的分析。李玫瑾教授一直从事犯罪心理学的研究，她曾经亲自奔赴云南对马加爵杀死同学一案进行了全面的调查，得出

第五章　在超越中体悟人生

的结论是，导致马加爵悲剧发生的主要原因不是贫穷，而是对生命的疑惑和淡漠。

李文瑾教授在云南调查的时候，看了全部的审问记录，还有最关键的就是马加爵逃亡的时候录给家人的录音带，2盘磁带大约2小时4部分内容，录音大部分是给他的姐姐的。

他在录音带里对他的姐姐说："姐：现在我对你讲一次真心话，我这个人最大的问题就是出在我觉得人生的意义到底是为了什么？100年后，早死迟死都是一样的，在这个问题上我老是钻牛角尖，自己跟自己过不去，想这个问题想不通。王菲有一首歌，歌词是：'一百年前你不是你，我不是我，一百年后没有你也没有我'。其实，在这次事情以后，此时此刻我明白了，我错了。其实人生的意义在于人间有真情。真的，我现在有些后悔了。以前是钻牛角尖……"

马加爵对人生和生命的疑问从他中学时代就已出现，从那时起直至他杀人那一天，都没有人真正地给他一个解答。一方面是因为他很内向，含而不露，更为重要的是，社会相关的正面引导太少，以致他对人生的疑问最后竟然要从流行歌曲的歌词中找到一个所谓的答案。

所以马加爵对人生意义的看法，是最终导致他如此冷漠地杀害4条生命的本质原因，这是马加爵犯罪的一个很核心的问题。既然100年后早死迟死都一样，那么，身边的人早死晚死又有什么差别呢？当他与别人发生冲突时，他就这样随意地轻易地置人于死地。当他意识到自己犯了罪的时候，他就希望赶快死，在这个过程当中，人

超越死亡

生观才是他无情感反应的必然原因，也是他真正的杀人动机，而不是贫穷。曾有记者询问马加爵："4个年轻同窗的生命在你的铁锤下消失了，你对生命有过敬畏感吗？"马加爵的回答是："没有，没有特别感受。我对自己都不重视，所以对他人的生命也不重视。"这也印证了他对生命的漠视。

李文瑾教授认为真正决定马加爵犯罪的心理问题，是他强烈、压抑的情绪特点，是他扭曲的人生观，还有"自我中心"的性格缺陷。马加爵在杀人的时候连杀三天，第三天还杀了两个人，而且一直睡在那个房间，那个时候他对生命没有一点感觉。

因为他总不愿与人交流，不愿说出自己真实的感受，因此马加爵在精神上一直是孤独的。当经常与同学为小事争吵积累下来时，就会在他内心产生仇恨的膨胀。这种膨胀被一次激烈的争吵所引爆，在缺乏正确引导，缺乏解决人际冲突的技巧教育时，他就以自己的方式去解决！实际上这种方式，在他15岁的日记中就已有记载，"对付恶人，要用狠的手段，要彻底处理掉……"人的心理发展是连续的，也是一致的，于是，以杀人的方式解决生活中的人际冲突也就顺理成章。

李文瑾教授认为：这件事情最让我们痛心的是马加爵是生命科学院的，我们生命科学院只交给了他科学，但却没有告诉他什么是生命，我想如果有一个人能在他生活中给他一些指点和帮助，马加爵心胸不会像现在这样狭窄激烈。生命只有一次，我们不能漠视它，无论是自己的，还是别人的。

第五章　在超越中体悟人生

马加爵杀人最根本的原因就是对生命意义缺乏正确的认识，直到他逃亡，直到他面临通缉与死亡，他才领悟到生命的意义与价值，领悟到人生不仅仅是属于自己的，还有亲人彼此间的牵挂，人间的真情是每个人活着的理由与意义。逃亡是人的一个特殊的经历。他在逃亡当中特别想念自己的家人，这期间他终于"聪明"地悟出了这个道理。但是，这一认识来得太晚了。

就像马加爵最终认识到的，人生的意义在于人间有真情，其实每个人活着都不单单是他自己的事情，有他父母对他的爱恋和牵挂，有老师对他的期待，还有周围朋友和他友好相处的关系。我们身边如果有一个人生病去世了我们会非常难受，这种情感反应是人和人之间很有意义很重要的东西。

由于不能正确认识生命的意义，导致部分青少年心灵空虚，进而无所事事，没有追求，不求上进，在某些极端的情况下就容易导致犯罪。

三、超越自我，完善人生

有一只乌鸦打算飞往东方，途中遇到一只鸽子，双方停在一棵树上休息，鸽子看见乌鸦飞得很辛苦，关心地问：你要飞到哪里去？乌鸦愤愤不平地说：其实我不想离开，可是这个地方的居民都嫌我的叫声不好听，所以我想飞到别的地方去。鸽子好心地告诉乌鸦别白费力气了！如果你不改变你的声音，飞到哪里都不会受到欢迎的，如果你无法改变外面的环境，无法改变别人，那么，唯一的方法就是改变你自己。

超越死亡

改变自己就是一个超越自我的过程，能够不断向困难挑战，超越自我的人就是真正懂得生命真谛的人。人生的旅途本来就是起伏不定的，而生命也是由欢笑和泪水编织而成的，不知大家是否看过《汪洋中的一条船》这本书或电影，这是一本自传体小说，书中的主角——郑丰喜先生就是一位能突破现状，能超越自己，追求更完善的人生的人。

郑丰喜（1943～1975），台湾云林人。他一生下来就有与众不同的"怪腿"。右腿在膝盖以下，前后左右弯曲，左腿膝盖以下萎缩、脚板向上翘。成长期间，他的双腿因无法站立，所以每天只能爬着前进。他的童年非常灰暗，邻居小朋友不但不和他玩，更时常取笑他的怪脚或欺侮他。哥哥姐姐也不喜欢他，因为弟弟的长相，使他们无端的受到朋友的歧视。但郑丰喜不因双腿弯曲，不良于行，而成天自怨自艾，反而凭着毅力、信心向自己挑战。他虽然也曾遭到失败，但以信心做奠基，以毅力当前锋，终于战胜了自己，战胜了双腿，成为一位超越自己的成功者。

在郑丰喜6岁的时候，有一天，村里来了一位走江湖卖药的老人。他带着一只会表演的猴子来到小村庄，老人看到这个畸形的孩子，觉得可以吸引人潮来参观表演，就把他带走了。老人教他演戏、唱歌，也教他认一些字。但是，有一天老人和别人起了冲突，被警察带走，从此就不再回来了。他饿了好几天，后来被两位卖流动杂货的村姑照顾了一阵子。不过，最后她们仍然将他遗弃在陌生的村

第五章　在超越中体悟人生

庄里。小小年纪的他，孤零零的一个人，从此流落在他乡。

他哭干了泪水，还是毫无办法，最后只好漫无目的地继续往前进。饿了就拔路边的青草充饥，渴了就喝沟里的污水。虽然没有饿死，不过，他却这样子在外面流浪了两年。直到有一天，有一个从家乡出来行乞的老婆婆认出了他，才带着他沿路乞讨着回到家。8岁的孩子在外面受尽折磨，妈妈虽然很心疼，但是兄弟姊妹却不欢迎他，把他当成家中的包袱。他明白大家的想法，因为不愿意受人鄙视，便要求妈妈让他出去独立生活。于是哥哥帮他在田野间搭了一座鸡舍，由他在那里养鸡过活。肚子饿了，他就爬到田里捡农人不要的小地瓜来吃；口渴时，就将小铁桶挂在脖子上，爬去河边汲水，过着原始人似的生活。第三年的夏天，一场大台风来袭，大雨滂沱，淹没了鸡舍，眼看着水位越来越高，他赶紧在风雨中奋力地爬到一棵树上。幸好后来爸爸和哥哥及时赶来相救，否则性命早已不保。妈妈不忍心让他在外面继续受苦，就叫他留在家里帮她煮饭、照顾妹妹，但是他心中一直渴望着能去学校读书。

那一年暑假的返校日，一位邻居小朋友名叫阿兴，邀他一起去学校玩，还愿意背他去，他很高兴地去了。也因为这一次的机缘，他在学校里遇见一位热心的女老师。老师看他对读书这么有兴趣，就主动教他注音符号，没想到他一学就会，所以让老师又惊又喜，称他是奇才，就叫他开学时立刻来注册上学。从此，他每天把书本用布巾包好，绑在腰上，爬过污脏的泥地、火热的砂石，不顾一切奋力向学，因为成绩十分优秀，当选过全校模范生，也荣获演讲比

超越死亡

赛冠军。小学毕业时，全校只有5个人考上初中，他就是其中的一位。为了读初中，他四处去借钱，最后才能注册。所以读初中时他非常珍惜时间，努力用功，后来又以优异的成绩考上高中。高中时，他开始尝试着将自己苦学的经过，写成《汪洋中的破船》参加比赛，没想到获得佳作。许多读者看了他的遭遇，都十分感动，纷纷写信鼓励他、赞美他。报社的记者也报道了他艰苦奋斗的故事。很多善心人士知道了，都愿意资助他求学，帮他安装义肢。当时社会大众给他的温情，使他更有勇气和信心奋斗下去。

大学联考后，他考上国立中兴大学法律系。有位义肢专家免费帮他安装好了义肢，让他生活方便多了。大学四年间，他半工半读地完成学业，有位女同学很欣赏他乐观奋斗的精神和毅力，时常来照顾他的生活。并且在毕业后，不顾父母的反对，毅然嫁给他，和他一起在家乡的中学教书。后来，他把自己一生和命运奋战的经过，写成《汪洋中的一条船》出版成书。他残而不废的例证，鼓舞了许多残障人士，及迷失方向、不满现实或自暴自弃的人。

暂时的失败并不可耻，可耻的是不再勇敢地站起来，接受挑战，而是一味的逃避，不敢面对现实！我们再来看看著名作家杏林子的故事，因为从小身体关节的毛病，经常躺在床上，无法做事。但她坚信，总有一天，她也能像常人一样，做自己爱做的事，她有了向自己挑战的信心，事情便成功了一半。她尝试写作，竟发现从写作中找到了自我，因而重拾向人生挑战的念头！她曾说，真正的残废是心死，而不是外在的残疾！她有了好的开始，便想超越自己，于

第五章　在超越中体悟人生

是创办了伊甸园。她不但向自己挑战，也关心别人。她的做法，能不令我们自叹不如吗？

杏林子本名刘侠，刘侠出生在陕西省扶风县杏林镇，为了纪念她的出生地，她取笔名杏林子。杏林子12岁就得了一种怪病，经医师诊断为幼年型类风湿关节炎，这是一种自体免疫系统不全而引发的慢性疾病，完全无药可治，患者等于被宣判了漫长的死刑，在死亡之前是无尽的疼痛。

那为什么还要活着呢？刘侠也问了自己这个问题。生病之后，她看着自己的关节一个个坏掉，渐渐不能走不能跳，身体的痛苦倒容易忍受，最大的痛苦是来自内心，"我不知像我这样既没有念过多少书，又瘫痪在床上的病人到底有什么用？我活着到底是干什么？仅仅为了自己受苦、拖累家人吗？我真的要在病床上躺一辈子，永远做一个废人吗？"

于是她告诉自己，如果三年还不康复的话，就不要活了。结果，好不容易熬了3年，还是没有好！她想：好吧，再延长三年好了，如果再不好，就绝对不要活了！

但还不到第二个3年，也就是她16岁的那年，刘侠找到了一种生活信念。透过这种信念，刘侠对生命有了新的诠释：魔鬼千方百计只想叫人死，而生活信念却千方百计只想叫人活，而且活得更好、更起劲、更快乐。这种信念给了她信心、希望、勇气，还有爱；教导她如何在痛苦中保持信心，在灰心中保持希望，在危难中保持勇气；这种生活信念也不断用爱来滋润她饱受创痛的心灵，好叫她的

超越死亡

生命重新充满生气，勇敢地活下去。

自从有了一种生活的信念，刘侠决定用快乐武装自己，与痛苦和平相处。

在她的右手腕上，有一堆密集的小白点，那全是针痕。每遇到需要静脉注射或抽血的时候，医生就摇头叹息，他们举着针管一戳再戳，就是找不到那可怜的血管。有些医生一针又一针的"失败"，常弄得满头大汗，拿针管的手都在发抖，刘侠就忍住痛安慰他们："不要紧，慢慢来！我是O型血，人们说O型血的人都很勇敢。"

刘侠不仅顽强地与病痛作斗争，她还学习着怎样去爱，怎样去付出，并一点一点地磨炼自己的个性。有位作家描述了看到刘侠的写作过程。她在腿上架着一块木板，颤巍巍地用两个指头夹着笔写字，每写一笔就像举重一样，要忍受巨大的痛苦，那位作家都不忍心再看下去了。但就这样，刘侠写出了几百万字20多本的励志书。她的作品也许称不上精致文学，却是一字一痛，一字一爱，所迸发的力量比那些精致文学还要伟大珍贵，这是她以"无用之躯"送给弱势者、身心残障者，以及无数跌倒过、在长夜里痛哭过的人的礼物。

她这样说道：那时候活不下去的原因是不知道病何时会好，生命有什么意义、有什么价值？但我有了生活信念以后，便对生命有一个新的诠释：就是每一个生命，不管是老弱伤残或贫富贵贱，都是珍贵的！每一个生命都有它特定的价值。人看人是看外表——看容貌、看财富、看地位；但上帝是看内心，看我们有没有对自己的

第五章　在超越中体悟人生

生命尽了本分。他不要求每一个人都拿一百分，因为他知道人的才智有高低，能力有大小之分，他只要求我们尽本分、尽了心，就够了。

杏林子创造了奇迹。不，不要说她创造了奇迹，她本身就是一种奇迹。但奇迹是怎么产生的呢？她的力量源自何处呢？水流经管道的时候，它的形状是管道的形状；生命的泉水流经你的时候，它的形状就是你思想的形状。杏林子的改变，杏林子创造奇迹的力量，源自于她思想的改变，她对生与死有了重新的认识，她懂得了爱和快乐才是生命的真谛。

杏林子闲暇时也常常想"生命是什么"的问题，那么她想到了什么呢？她悟出了生命大多遭磨难，正因如此便更应该珍惜生命、敬畏生命，从而"对自己负责"并且"度过一个有意义的人生"。她认为该"让有限的生命发挥出无限的价值"才无愧于生命、无愧于自己的人生。

杏林子认为：

"死是生的归宿。人生短暂，健康时要懂得珍惜，不要当生命走到尽头时才倍加珍惜，切不能为一时的美色之欢、一时的酒肉穿肠而过而贪婪，而忘掉了患病的潜在，病情恶化的祸根。"

"享受人生，须善待生命。人生与浩瀚的历史长河相比，可谓短暂的一瞬。权势是过眼云烟，金钱乃身外之物。珍惜生命，保重身体，宁要一生清贫，不贪图一时富贵，这才是做人之悟性。"

"人生在世也是一种幸运，珍惜生命，享受人生则是最大的幸

超越死亡

福，不必为昨天的失意而悔恨，也不必为今天的失落而烦恼，更不必为明朝的得失而忧愁。看山神静，观海心阔，心理平衡，知足常乐，达到善待人生的最高境界，才能真正快乐的享受每一天。朋友，人生绚丽多彩，珍惜生命。"

向自我挑战，即是超越现在的我，迈向一个新的我，不是停滞不进，也不是安于现状。"天上下雨地上滑，自己跌倒自己爬。"当你遇到困难时，无须自怨自艾，也无须别人"拉一把"才从泥淖中爬起来，重要的是要有挑战的心，自己救自己。跌倒了，自己爬起来，再迈开步伐，奔向前去。人生的道路崎岖不平，只有向自我挑战才能往前行。且把自我挑战当成一把锐利的刀，用它去斩除旅程中的荆棘，超越巅峰，超越自己！虽然我们的生命有限，但能学习打败原来的我，展现新的好的我，也就是一种突破。

人生的旅程，有无数的挫折，可是挫折只是生命旅程中一个小小的插曲。被挫折击倒的人，如果不再重新振作，便无法实现自我。遇着挫折无须惧怕，那正是向自我挑战的好机会。朋友，拾取信心，向自我挑战吧！打破从前的不良记录，就从现在开始。把挑战当指南针，失败当试金石，勇敢地向自我挑战，并战胜自我，超越自我。